# 萬松行秀禪學思想之研究

### 釋清如 著

中華佛學研究所論叢 52

# 通序

　　中華佛學研究所的前身是中國文化學院附設中華學術院的佛學研究所，自1968年起，發行《華岡佛學學報》，至1973年，先後出版了三期學報。1978年10月，本人應聘為該所所長；1980年10月，發行第4期《華岡佛學學報》。至1985年10月，發行到第8期之後，即因學院已升格為中國文化大學，政策改變，著令該所停止招生。於是，我假台北市郊新北投的中華佛教文化館，自創中華佛學研究所；1987年3月，以年刊方式，發行《中華佛學學報》，迄1994年秋，已出版至第7期。這兩種學報，在現代中國的佛學研究史上，對於學術的貢獻和它所代表的地位，包括中國大陸在內，應該是最有分量的期刊了。

　　本所自1981年秋季開始，招收研究生，同時聘請專職的研究人員。1986年3月，便委託原東初出版社現為法鼓文化出版了研究生的第一冊研究論集——惠敏法師的《中觀與瑜伽》；1987年3月，出版了研究生的第一冊畢業論文——果祥法師的《紫柏大師研究》；1989年5月，出版了研究生的第一冊佳作選《中華佛學研究所論叢》，接著於1990年，出版了研究員的研究論著，曹仕邦博士的《中國佛教譯經史論集》及冉雲華教授的《中國佛教文化研究論集》。到目前為止，本所已出版的佛教學術論著，除了東初老人及我寫的不算之外，已達二十多種。

　　本所是教育機構，更是學術的研究機構；本所的教師群也都是研究人員，他們除了擔任授課工作，每年均有研究的撰著成果。本所的研究生中，每年也有幾篇具有相當水準的畢業論文，自從1989年以來，本所獎助國內各大學碩士及博士研究生的佛學論文，每年總有數篇很有內容的作品。同時，本所也接受了若干部大陸學者們的著作，給予補助。這四種的佛學著作，在內容的性質上，包括了佛教史、佛教文獻、佛教藝術、佛教語文、佛學思想等各方面的論著。

　　由於教育、研究以及獎助的結果，便獲得了數量可觀的著作成品，那就必須提供出版的服務。經過多方多次的討論，決定將這些論著，陸續精選出版，總名為「中華佛學研究所論叢」（Series ofthe Chung-Hwa Institute of Buddhist Studies，簡稱SCHIBS）。凡本所研究人員的專題研究、研究生的碩士畢業論文、本所舉辦的博碩士徵文、大陸學者的徵文、特約邀稿，及國際學術會議論文集等，透過中華佛學研究所編審委員會嚴格的審查通過，交由法鼓文化事業以此論叢名義出版發行。本所希望經由嚴格的審核程序，從各種來源中得到好書、出版好書，俾為佛教學術界提供好書。

　　出版「中華佛學研究所論叢」的目的，除了出版好的學術作品，更是鼓勵佛教研究風氣，希望由作者、讀者中能培養更多有志於佛教學術研究的人才。此外，更期望藉由本所與法鼓文化合作出版的學術論著，與國際各佛學研究機構的出版品相互交流，進而提高國內佛教研究的國際學術地位。

1994年7月30日　釋聖嚴序於台北北投中華佛學研究所

# 林序

　　禪的生命，是源遠流長的，從釋尊到達摩，從達摩到惠能，從惠能到五家七宗。順著這一源流，宋代的曹洞宗，有宏智禪師（天童覺和尚，1091～1157）和行秀禪師（萬松老人，1166～1246）以「默照禪」大放異彩。默照禪的工夫，可由《宏智禪師廣錄》〈天童覺和尚法語〉的開示了解一二：

> 　　學佛究宗家之妙，須清心潛神，默游內觀，徹見法源，無芥蒂纖毫作障礙，廓然亡像，如水涵秋，皎然瑩明，如月奪夜。正恁麼也，昭昭不昏，湛湛無垢，本來如如，常寂常耀。其寂也非斷滅所因，其耀也無影事所觸，虛白圓淨，曠劫不移，不動不昧，能默能知。

　　此中的「默游內觀」、「常寂常耀」、「能默能知」便是「默照」工夫的展現，同時包含「定」和「慧」，其本質不離敦煌本《六祖壇經》中惠能所說的「我此法門，以定惠為本。第一勿迷，言惠定別。定惠體一不二，即定是惠體，即惠是定用。」（敦煌本「惠」通「慧」）
　　一些禪師經由正確的默照而大徹大悟後，也能看出臨濟宗的「話頭禪」（又稱看話禪）其實同樣不離「定慧等學」，只是手法不同而已。曹洞宗的宏智禪師（天童覺和尚）便在這

一背景下，以文字來說禪而有《頌古百則》、《拈古百則》的
傳世。行秀禪師進一步有《評唱天童覺和尚頌古從容庵錄》、
《評唱天童覺和尚拈古請益錄》的傳世，不僅會通五家禪法於
一爐，而且開啟曹洞宗禪法的新局面。

　　行秀禪師雖是「默照禪」的大師，但國內對他的禪學思想
卻很陌生，今有清如法師採取思想史的研究方法，不僅對曹洞
宗禪法的思想沿革與特色有更清晰的解析，並且釐清行秀禪師
在思想史上的地位，以及在金元之際的時代意義，甚有創見。
本人樂見其研究有成，並出書供大眾分享，特為之序。

2010年2月26日　林崇安識

# 自序

　　萬松行秀是金元之際非常重要的禪師之一，其著作《從容錄》經常被拿來與《碧巖錄》相提並論，並推崇為禪門頌古集的雙璧。尤其對曹洞宗而言，是一部學習禪法的重要入門書，而且受到一代儒將耶律楚材的極度推崇。萬松行秀對佛教歷史發展的影響甚鉅，但這樣一部重要的禪法入門書卻鮮少有人研究；反觀《碧巖錄》的研究，已到了汗牛充棟之境，因此引發我想一窺萬松行秀的禪學思想。

　　行秀的著作頗豐，但多已亡佚，僅《從容錄》與《請益錄》二書傳世。《從容錄》是應耶律楚材之請，歷時七年才完成的著作。耶律楚材曾於序中說明要求行秀評唱此書之理由，他說：「吾宗有天童者頌古百篇，號為絕唱，予堅請萬松評唱是頌，開發後學。前後九書，間關七年，方蒙見寄。」可見此書是研究曹洞宗禪法的重要著作。而後耶律楚材更讚歎此書「高冠今古，足為萬世之模楷，非師範人天權衡造化者，孰能與於此哉！」由此觀之，此書可視為行秀禪學思想的代表作。

　　回首來時路，雖有挫折，但是也碰到許多貴人的幫忙。因指導教授冉雲華老師回加拿大，所幸有楊惠南及林崇安兩位教授接續指導；又因我到智光商工教書而一度中斷論文寫作，要不是好友汪娟及梁麗玲鍥而不捨的從旁激勵，可能就沒有此論文的誕生。更要感謝法光佛教文化研究所創辦人如學禪師及第一任所長恆清法師，由於他們的大願力，讓我有機會接受許多

師長的教導與護念。特別要感謝指導教授冉雲華老師奠定我學
術研究的基礎，在其靈活的教導下，不僅打開我的國際視野，
更引領我進入學術殿堂。還要感謝楊惠南教授在百忙中撥冗指
導，感謝林崇安教授在禪修道路上提供的協助，感謝一切所有
曾教導過我的師長，都是生命轉彎中重要的貴人。

除了上述這些師長、好友外，最要感謝的是學弟莊崑木先
生所提供的櫻井秀雄監修，永井政之編輯的禪集善本古注集成
《從容錄》一書，對本論文的研究助益良多。現在莊先生已出
家成為大田法師，並在東京大學攻讀博士學位，在此預祝他早
日拿到學位。同時也要感謝法光佛教文化研究所現任所長蕭金
松教授及口試委員廖肇亨、黃繹勳兩位教授，對本論文所提供
的寶貴意見，使我能將論文加以修訂、增補，益趨嚴謹。

最後，感謝家師淨行上人對我的培植，奠定我的佛學基
礎，才能成就我今天的研究。感恩高岡屋董事長楊德勝先生，
不僅提供別墅讓我安心撰寫論文，並且提供獎學金讓我有機會
到美國幾所名校，如哈佛、哥倫比亞等大學進行資料蒐輯及論
文寫作，拓寬我的國際視野。更要感謝中華佛學研究所及法鼓
文化提供機會，讓這本論文得以順利付梓。希望這本書能產生
拋磚引玉的效能，引發更多學者對萬松行秀以及《從容錄》的
注意。

值此出版前夕，內心誠惶誠恐，不勝感激。在此謹致上
最崇高的謝忱，祝願一切幫助過我、教導過我的師長、前輩先
達、方家大德幸福平安吉祥，敬祈　賜教指正。

2010年3月20日　釋清如謹誌於木柵

# 萬松行秀禪學思想之研究

## 目錄

# 第一章　緒論

## 第一節　研究動機與目的

　　萬松行秀（1166～1246）是金元之際非常重要的禪師之一，其著作《從容錄》在日本常被曹洞宗的人拿來與《碧巖錄》相提並論，並推崇二錄為禪門頌古集雙璧❶。姑不論日本曹洞宗這一褒獎，是否有宗派意識立場？不可諱言《從容錄》在金元之際，對曹洞宗來說是一部重要的學習禪法入門書，且被一代儒將耶律楚材（1190～1244）所推崇。這樣一部重要禪法入門書卻鮮少有人研究，何況《從容錄》作者萬松行秀對佛教歷史發展的影響甚鉅，在學界卻少有人注意；反觀《碧巖錄》的研究，已到了汗牛充棟之境。基於此一理由，引發筆者想一窺行秀禪學思想之動機。

　　在佛門素有「臨天下，曹一角」之傳說，依據長谷部好一〈元朝北地の禪教團〉一文來看，禪宗發展至北宋末年、金元

---

❶ 永井政之言：「《宏智頌古》或《從容錄》強烈的標舉曹洞家風，若從當時禪學界臨濟宗佔優勢來看，有可能產生如此孤高的作風；若就歷史的事實來說，例如即使把《碧巖錄》、《從容錄》稱為公案集雙璧，到底所說的這兩書特質，並不是站在物理性的層面來說。換言之，所謂雙璧之語，也只不過是就曹洞宗這一立場來說，尤其是日本的曹洞宗。」見永井政之〈從容錄の成立とその展開〉一文，收於禪籍善本古注集成《從容錄》解題，東京，株式會社名著普及會，1980年，初版，頁665。

之際，北方佛教卻相反以曹洞宗居優勢。依長谷氏之文，宋初
汴京所盛行的禪法是屬於雲門宗和臨濟派下的黃龍禪法，相對
的在河北地方則是以曹洞宗為盛行；到了北宋末年曹洞宗教化
地區僅以青州、嵩洛附近以及磁州、刑州一帶。至行秀北上之
後，其教化路線才延伸至燕京附近，及至行秀門下福裕（1203
～1275）及至溫（1217～1267），更是擴大行化至上都及和
林，至此以行秀一派奠定了北方佛教主導權來看❷，不免令人
好奇，曹洞宗何以能在異民族統治下受到青睞，並躍居教界領
導地位？亦是值得探討的課題。

　　行秀弟子福裕自從奉了元世祖（1215～1294）之命進駐
少林寺後，少林寺即變成曹洞宗專門寺院以迄於近代。加上攸
關著佛教歷史存亡的至元佛道論辯事件，參與論辯的要角皆是
行秀弟子觀之，更激發了筆者想要一探究竟之心。何以值此關
鍵時刻，行秀一系曹洞門人卻能力挽狂瀾，在歷史上扮演關鍵
性的角色？更何況行秀身處異民族統治的朝代裡，朝代更替迅
速，他卻能屹立不搖並受到金元二朝皇帝的尊崇，進而影響一
代儒將耶律楚材的政治理念──「以儒治國，以佛治心」❸，

---

❷ 見長谷部好一〈元朝北地の禪教團〉，《印佛研》期刊第17卷1號，1968
　年，頁298-301。
❸ 耶律楚材在〈寄萬松老人書〉裡云：「師父丈室，承手教諭及弟子，有以
　儒治國，以佛治心之語，近乎破二作三，屈佛道以徇儒情者，此亦弟子之
　行權也。……弟子亦謂：『舉世皆黃能任公之餌，不足投也。』……是道
　不足以治心，僅能治天下，則固為道之餘濘矣！戴經云：『欲治其國，先
　正其心。』未有心正，而天下不治者也，是知治天下之道，為治心之所兼
　耳，普門示現，三十二應，法華治世資生，接順正法，豈非佛事門中不捨
　一法者歟！」見《湛然居士文集》（以下簡稱文集）卷十三，四部叢刊集
　部（以下簡稱集部）65冊，台灣商務印行，頁137。

是怎樣的思想、教法可以如此收攝人心，令人景仰？在在都引
人好奇。更何況耶律楚材在《從容錄》序亦提到：「他在京師
時，禪師雖多，他獨尊崇聖安澄公和尚。聖安澄卻說他已老，
又不通儒，不能教他。將他轉介給萬松行秀，並推崇行秀兼通
儒釋，宗說精通，辯才無礙，堪為其師。」❹由此可見，行秀
在當時受到教內外人士推崇，這樣一位跨時代，舉足輕重的禪
師，何以沒有人作深入探討，令人遺憾！因此之故，激發筆者
想彌補此一遺憾之動機。

　　基於上述理由，筆者希望透過對行秀禪學思想之研究，不
僅能對曹洞宗禪法有更清晰的理解，並祈能釐清其禪學在思想
史上的位子，以及行秀禪法在金元之際的歷史意義。


# 第二節　研究文獻與方法


　　一個人的思想是不能獨立於其所成長的時空背景之外，想
要了解一個人的思想全貌，也唯有將此人的思想放在歷史洪流
中檢視，才有可能得到較完整的樣態。俗話說得好，什麼樣的
時代，就會創造出什麼樣的思想家；同樣有怎樣的思想家，也

---

❹ 耶律楚材《從容庵錄》序云：「昔予在京師時，禪伯甚多，唯聖安澄公和
　尚神氣嚴明，言辭磊落，予獨重之。故嘗訪以祖道。屢以古昔尊宿語緣中
　所得者扣之。澄公間有許可者，予亦自以為得。及遭憂患以來，……遂
　再以前事訪諸聖安，聖安翻案不然所見，予甚惑焉！聖安從容謂予曰：
　『……今揣君之心，果為本分事以問予，予豈得猶曩前愆，不為苦口呼？
　予老矣！素不通儒，不能教子，有萬松老人者，儒釋兼備，宗說精通，辯
　才無礙，君可見之。』」見《大正藏》48冊，頁226b。

才能引領怎樣的風潮。行秀因緣際會,出生在異民族統治的朝代裡,比起傳統的禪僧有更多的個人揮灑空間,也因為不會受到傳統的束縛,故能創造出個人的獨特歷史魅力。雖然他不似隋唐時期的佛教祖師們,例如僧肇、智者、澄觀、法藏、宗密等大師,在思想史上有開創性的歷史地位;也不似五代北宋時期的禪宗祖師們,例如禪宗五家七宗開創者,因獨特的教學方法而自成一家。誠如行秀自己所言,他只是述而不作。而這樣一位非開創性人物,卻能影響佛教歷史發展,其思想有值得探討之處。

行秀的著作非常多,但大多亡佚,僅《從容錄》與《請益錄》二書傳世。《從容錄》是應耶律楚材之請,歷時七年才完成的著作,耶律楚材曾於序中說明,何以會要求行秀評唱此書。他說:

> 吾宗有天童者頌古百篇,號為絕唱,予堅請萬松評唱是頌,開發後學。前後九書,間關七年,方蒙見寄。❺

可見此書是研究曹洞宗禪法的重要著作。而後耶律楚材得其書更讚歎曰:

> 予西域伶仃數載,忽受是書,如醉而醒,如死而甦,踴躍歡呼。東望稽顙,再四披繹,撫卷而歎曰:

---

❺《大正藏》48冊,頁226c。

「萬松來西域矣！其片言隻字，咸有指歸，結欵出眼，高冠今古，足為萬世之模楷，非師範人天，權衡造化者，孰能與於此哉！」❻

　　耶律楚材是契丹貴族後裔，儒學素養深厚。觀其一生，對行秀尊崇始終如一，不僅執弟子禮，還因此促成其完成《從容錄》鉅著。依據上述引文所載，耶律楚材得是書，彷彿行秀親臨西域般，令其歡欣鼓舞，一方面滋潤了其出征西域時孤寂的心靈；另方面，情不自禁的讚揚此書「高冠今古，足為萬世之模楷。」由此觀之，此書可視為行秀禪學思想的代表作。至於另一部著作──《請益錄》，因為是針對出家弟子的教學著作，內容較簡約，不過對研究行秀禪法倒是有助益。二書撰述對象不同，形式也各有差異。《從容錄》對古則、頌古的來龍去脈有較詳細的評唱解說，其中雖然也談到禪法教學，但迥異《請益錄》簡潔扼要，故較能從中窺探出行秀禪學思想的原貌。因此本論文研究取材以《從容錄》為主，《請益錄》為輔。
　　目前學術界對萬松行秀及其著作《從容錄》的研究還在起步階段，所能參考的文獻相當有限，與行秀有關的前人著作，日文有：永井政之氏的〈萬松行秀考〉❼、〈萬松行秀の禪とその周邊〉❽、〈耶律楚材と萬松行秀〉❾、〈萬松行秀の傳

---

❻同❺。
❼《宗教研究》期刊第50卷3號，1976年。
❽同❼。
❾《曹洞宗研究紀要》第9號，1977年。

記をめぐる諸問題——資料、洪濟寺、舍利塔〉❿及原田弘道
〈耶律楚材と萬松行秀〉⓫等五篇論文；中文有：木村清孝
〈萬松行秀的禪世界——萬松行秀與華嚴思想的關係〉⓬與黃
春和〈萬松行秀生平略考〉⓭兩篇論文。

　　與《從容錄》有關之單篇論文有：永井政之〈從容錄の
成立とその展開〉⓮、阿部肇一〈碧巖錄與從容錄〉⓯、西岡
秀爾〈從容錄における証について——碧巖錄との比較を通し
て〉⓰等三篇論文，前者收錄於櫻井秀雄監修，永井政之編輯
之禪集善本古注集成《從容錄》一書之解題；後二者分別載於
《多賀秋五郎先生古稀紀念論集》與《印佛研究》。另在專書
上有談論到《從容錄》議題者，則有神保如天〈從容錄〉，收
錄於井上哲次郎、宇井伯壽、鈴木大拙監修《禪の書》裡、高
崎直承校註《和譯校註從容錄——附人名故事要覽》，由鴻盟
社出版。

　　筆者目前僅能閱讀到永井政之〈萬松行秀の傳記をめぐ
る諸問題——資料、洪濟寺、舍利塔〉、〈從容錄の成立とそ
の展開〉、木村清孝〈萬松行秀的禪世界——萬松行秀與華嚴

---

❿《飯田刊行博士古稀紀念‧東洋學論叢》，國書刊行會，1981年。

⓫《駒澤大學佛教學部研究紀要》第55號，1997年3月。

⓬《中國文化》第6期，1992年9月。

⓭《佛學研究》創刊號，1992年。

⓮收於禪籍善本古注集成《從容錄》解題，東京，株式會社名著普及會，
　　1980年，初版。

⓯見《多賀秋五郎先生古稀紀念論集》，1983年。

⓰《印度學佛教學研究》第54卷1號，2005年。

思想的關係〉與黃春和〈萬松行秀生平略考〉、阿部肇一〈碧
巖錄與從容錄〉、西岡秀爾〈從容錄における証について──
碧巖錄との比較を通して〉幾篇論文。其中阿部肇一〈碧巖錄
與從容錄〉一文，後收錄於阿部肇一所著《中國禪宗史》一書
裡，並由關世謙譯成中文，由東大出版社出版。此文對《從容
錄》的歷史意義敘述甚詳；神保如天之書所製作《從容錄》相
關禪師法系圖，很值得參考；永井政之〈從容錄の成立とその
展開〉一文，是從萬松回溯到宏智，並進一步把《宏智頌古》
與《雪竇頌古》作對比論其特徵，間亦涉及版本問題，是一篇
相當有參考價值的論文。另〈萬松行秀の傳記をめぐる諸問題
──資料、洪濟寺、舍利塔〉，因為只側重於文獻考證，對於
行秀相關議題的討論較少，故較無參考價值。而黃春和〈萬松
行秀生平略考〉則是一般文獻整理，較無學術價值，只有文後
所附行秀塔銘還能補文獻不足。至於西岡秀爾〈從容錄におけ
る証について──碧巖錄との比較を通して〉一文，則是從禪
的根本證悟去探究曹洞宗與臨濟宗的異同處為何，屬於形上問
題的探討。木村清孝〈萬松行秀的禪世界──萬松行秀與華嚴
思想的關係〉則是對行秀禪學思想有較多的著墨，雖然不多，
比起其他諸文，是一篇比較與思想有關的論文。

　　在專書上，則以永井政之《從容錄》一書之解題助益最
大，亦是本論文研究之基石；高崎直承校註《和譯校註從容錄
──附人名故事要覽》一書，與永井氏所編《從容錄》解題不
同處，在永井氏之書完全屬於中文，高崎氏則屬和譯校註，並
於書後附「人名略歷篇」及「故事典據篇」，對理解《從容

錄》有大助益，可當禪學辭典用。而《國譯一切經》諸宗部六
之解題，亦是研究時重要的輔助參考書目。

　　至於個人學術論文，目前只有郭廷立《萬松行秀〈從容
錄〉研究》一書。可惜作者花較多時間去處理《從容錄》周邊
的問題，對於《從容錄》整體思想體系缺乏深入探討，文獻的
整理亦不夠，整體而言對本論文幫助不大。

　　為了對行秀禪學思想有更清晰的理解，本論文採取思想史
的研究方法論。首先參照櫻井秀雄監修，永井政之編輯之禪集
善本古注集成《從容錄》一書之解題，將整部《從容錄》引書
部分，分成內學與外學兩部分。內學又依照所引經論、燈錄、
語錄、雜集類等分門整理其出處，並與《從容錄》做對照；外
學方面，則依據經、史、子、集與出處不詳五部分做整理。再
依此重新整理過之文獻資料做分析解構，從而了解行秀思想概
貌。進一步再從思想史的立場去釐清行秀所傳承的曹洞宗禪法
的思想沿革與特色，希望能還原行秀禪學思想的真正內涵。最
後再從歷史的洪流中，尋得行秀的歷史定位與時代意義。

# 第二章　行秀所處的時代背景
# 及處世態度

　　打開中國佛教史，不難看到，許多高僧為了佛法能夠順利
弘傳，不得不在政治力的介入下妥協、讓步，進而發展出一套
適合中國人信仰的佛教模式，例如替執政者消災薦福，祈求國
泰民安的護國消災法會；為了順應社會結構變遷，寺廟的結構
也悄然的發生變異，禪院不再依附於律寺，開始走向獨立自主
的模式等等，皆可說是為了因應王權快速更迭所產生的變革。
佛教成為安定人心的工具，至於它本身的內在意義是什麼，反
而被忽略了。這種現象，在金元之際特別明顯❶，但是對於一
位心懷眾生，以解脫為目的的禪僧，如何自處於此一變遷的環
境中，並且找到自己的社會定位，同時又能不違背佛教教義，
發揮弘法利生的功能，是值得探討的。這是因為思想不能孤立
於社會環境之外，宗教更無法脫離政治而獨存。因此在探討行
秀禪學思想內容之前，本章想就其所處的時代背景及生平與
學識作一檢討，目的是想了解促成其思想特質的歷史因素是什
麼？

---

❶ 《佛祖歷代通載》卷二十五云：「金國迎請栴檀瑞像到燕京，建水陸會七晝
　夜，安奉於閔忠寺供養，凡住十二年。」（《大正藏》49冊，頁685b）以
　及《湛然居士文集》卷八（以下簡稱文集）所收律寺改禪剎之功德會疏
　文。四部叢刊集部（以下簡稱集部）65冊，台灣商務印行，頁79-81。

# 第一節　行秀所處的時代背景

　　由於中國人固有的正統觀念，道統思想，在政治上，對於異民族統治史，總是有意或無意的予以忽略，不僅不詳加記錄，甚至還加以歪曲；在文化思想上，正統思想視儒家思想外的諸子百家之學為非主流，因此，在容受外來文化上，難免會有一些衝突與爭執，甚至產生不公平的評價。由於此一道統觀念的作祟，迫使從事異民族統治下的佛教史研究學者，將面臨史料不足的問題，再加以戰亂，許多重要著作付之一炬，研究工作就更形困難。行秀是金元之際的人物，綜觀其一生，發現其主要活動是從金章宗時代（1193）至金亡（1233）之際。雖然從元太祖十八年（1223）至太宗二年（1230），其社會活動已呈現半退休狀態，但是其宗教生命仍處於顛峰狀態，並且影響元朝一代儒將耶律楚材甚鉅。基於這一因素，筆者在研究其時代背景上，就以金朝的宗教政策以及元朝士大夫與佛教的關係，作為主要探討對象，進而理解行秀的生涯與思想。

　　關於金元佛教的研究著作，目前學術界只有野上俊靜《遼金の佛教》及《元史釈老傳の研究》二書。《遼金の佛教》，由於尚未目見，因此，對於詳細內容並不清楚；《元史釈老傳の研究》，作者分為二部分來撰寫，即譯經篇與研究篇。在研究篇中，主要側重於元統一中國後的宗教措施與宗教爭端的研究。例如至元《辯偽錄》所引發的佛、道爭端，喇嘛教與佛教的衝突等，對於了解行秀所處時代背景，並無多大助益。因此，本章在取材上，以《金史》、《請益錄》、《從容錄》、

《湛然居士文集》、《佛祖歷代通載》、鳥居龍藏〈金上京城佛寺考〉等，作為主要的考察資料。

## 一、金朝宗教政策

　　金朝佛教模式，主要承襲遼朝佛教傳統，因此，是屬於「二重體制」❷模式的佛教，即一面接受以信仰為主，充滿遊牧民族特色的回鶻佛教；另一方面，又信奉以講究教理的漢民族佛教。在信仰內容上，亦是繼承遼朝以顯、密二教為信仰主旨。顯為華嚴教，密為真言教❸。就整個金朝佛教發展狀況來看，大致上是以海陵王遷都燕京後，所形成的上京時期佛教與燕京時期佛教為代表。上京時期佛教，除海陵王對佛教及僧侶較殘忍苛酷外❹；金初皇室對佛教倒是相當擁護，不僅屢建巨剎、寶塔，多位后妃對僧侶亦持弟子之禮；燕京時期佛教，雖然因金世宗有意避免造成佞佛局面，對僧侶不似金熙宗那樣禮遇，例如：他曾對梁武帝三次捨身同泰寺及遼道宗所行之二稅戶等提出批評，並且禁止民間不得無故創建寺觀❺。但是，由於其母貞懿皇后出家為尼，因此，迫使其對佛教採取適度的擁

---

❷ 韓國李龍範〈遼金佛教之二重體制與漢族文化〉，現代佛教學術叢刊（以下簡稱叢刊）14冊，台北：大乘出版社，1977年10月初版，頁121-139。

❸ 鳥居龍藏〈金上京城佛寺考〉，叢刊14冊，台北：大乘出版社，1977年10月初版，頁307-335。

❹ 《金史》卷五〈海陵傳〉云：「三月壬子，以左丞相張浩、平章政事張暉每見僧法寶必坐其下，失大臣體，各杖二十，僧法寶妄自尊大，杖二百。」台北：鼎文，《金史》1冊，頁103-104。

❺ 《金史》卷七〈世宗傳〉中云：「大定十八年，三月……乙酉，禁民間無得創興寺觀。」台北：鼎文，《金史》1冊，頁170。

護，整體上來說，還不能算是太極端。若從整個金朝的宗教政策來看，對佛教還算是禮遇，但這並不意味著佛教的弘傳事業就可以無往不利，因為這牽涉到金朝的政治措施。

由於海陵王極端提倡漢化運動❻，激起金人民族危機意識，演變成金世宗為了挽救女真文化即將喪失的自主性，而提倡恢復女真故俗。他一面解除海陵王對回鶻佛教所下的禁令，並恢復金朝建國初期所實施之「二重體制」佛教，另方面又獎勵女真人學習女真語文，同時將《易》、《書》、《論語》、《孟子》等儒學書籍❼翻譯成女真語，作為學習的教本。此一措施，不僅使金朝典章誥命遠比遼、元「彬彬可觀」，另方面也造成佛教信仰上的混雜性。因為回鶻佛教是屬於帶有向神告解，充滿神祕色彩的薩滿教（shamanism）性格的宗教，與漢人講究義理佛教信仰不同。這與元朝皇帝會捨漢族佛教而接受喇嘛教，並尊八思巴為國師的情形相若。❽另一方面也因此造成宗教的開放性、調和性與多元性，許多新興宗教因而興起，製造不少紛爭。

再說金朝在開國初期，為了收攬人心，皇室對佛教採取尊崇與保護措施，並且在河北及山西二地，積極創建及修復許多

❻《金史》卷八十九〈移剌子敬傳〉，世宗指斥海陵之漢化政策曰：「亡遼不忘舊俗，朕以為是，海陵習學漢人風俗，是忘本也，若以國家舊風，四境無虞，長久之計也。」台北：鼎文，《金史》3冊，頁1989。

❼《金史》卷八〈世宗傳〉下云：「大定二十三年，九月己巳，上謂宰臣曰：『朕所以令譯五經者，正欲女真人知仁義道德所在耳。』命頒行之。」同❹，頁184-185。

❽有關這問題可參閱札奇斯欽〈元世蒙古可汗們何以信仰了土番的佛教〉，叢刊14冊，台北：大乘出版社，1977年10月初版，頁369-381。

寺院，以供漢人僧侶居住。帝室每年並設置齋會，動則飯僧萬餘人以上，還廣設水陸大法會❾。加以國家戰禍連連，許多人為了逃避兵役而進入佛門，造成濫的私度僧侶充斥，影響佛教教團素質；另一方面也因戰爭而導致國家財政困難，不得不公賣度牒，以增加財政稅收。

　　由於上述種種因素，僧團的墮落在所難免，迫使金太宗天會八年（1130）發出禁止私度之令，金章宗明章元年（1190）也有相同政令頒布，並且在同年，規定了三年一度的試驗度僧制度，禁止創建寺院，不許僧人出入於親王及高官府第❿。而在京師設國師，府設僧錄，州設都綱，縣設維那等僧官，分層擔任教界的督管之責。

　　處於這樣的大環境之中，行秀以年僅27歲的青年禪僧身分，卻於金章宗明昌四年（1193）奉召至禁庭為皇室、大臣開示佛法要義。促成此事件的原因為何？由於文獻沒詳載，因此真正原因不太清楚。阿部肇一認為可能與耶律楚材有關⓫，但

---

❾ 《佛祖歷代通載》卷二十記載：金世宗大定20年（1180）正月敕建仰山棲隱禪寺，命玄冥顗公，開山賜田，設會度僧萬人。《大正藏》49冊，頁693a。

❿ 《金史》卷九〈章宗傳〉云：「明昌二年，二月壬辰，上始視朝，敕親王及三品官之家，毋許僧尼道士出入。」台北：鼎文，《金史》1冊，頁217。

⓫ 阿部肇一認為行秀會受到金章宗寵召，應與耶律楚材有關。因為楚材本欲拜京城聖安寺澄禪師為師，澄禪師沒接受，反而推薦萬松行秀與他。依此推論，他認為行秀與聖安澄相識，以及後來耶律楚材果真成為行秀弟子來看，推薦行秀給皇帝的，可能是楚材而不是聖安澄。筆者認為有待商榷，依據楚材自述與行秀相遇時已二十餘歲推論，約當金朝大安、崇慶、貞祐元年（1209-1214）左右，則行秀應已四十幾歲，與傳記所載27歲入禁庭說法不符。詳情請見阿部肇一著，關世謙譯《中國禪宗史》，台北：東大，1988年7月初版，頁814-816。

筆者認為，與其說與耶律楚材有關，不如說與士大夫的宗教政治理念有關。再說金朝從章宗到宣宗，在政治上有所謂「德運」問題，爭論的焦點，就是正統問題。金章宗無意繼遼以外族自居，而欲繼漢、唐、宋為正統，使朝廷成為純粹中國正統的王朝。當時士大夫對於正統問題，激辯了24年之久❷。可見民族意識之爭，仍存留於士大夫之間。在此種政治氛圍下，行秀仍能以一介青年禪僧之身分，奉召入禁庭宣講佛法，可見行秀個人學養的不同凡響。

## 二、元朝士大夫與佛教的關係

元朝在尚未完成建國之前，其宗教信仰屬於泛神論。凡是能夠為他們的可汗向上天祝禱、祈福者，都能得到汗室的禮遇與恩賜，例如全真教丘處機曾晉見成吉思汗而得到禮遇與恩賜，遂使全真教得以大興；佛教海雲印簡也曾透過木華黎之薦，而得到成吉思汗賜予「告天人」之封號等等。❸由是之故，元朝草創時期，新興宗教如雨後春筍般興起，讓一向好佛的儒者——耶律楚材，忍不住憂心的在《西遊錄》序批判云：

夫楊朱、墨翟、田騈、許行之術，孔氏之邪也；
西域九十六種，此方毘盧、糠瓢、白經、香會之徒，

---

❷ 詳情可參閱王明蓀《元代的士人與政治》，文化大學中研所博士論文，1982年12月；饒宗頤《中國史學上之正統論》，1979年，台北：宗青。
❸ 詳情可參閱札奇斯欽〈元世蒙古可汗們何以信仰了土番的佛教〉一文。叢刊14冊，台北：大乘出版社，1977年10月初版，頁369-381。

釋氏之邪也；全真、大道、混元、太一、三張、左道
之術，老氏之邪也；至於黃白、金丹、導引、服餌之
屬，是皆方技之異端，亦非伯陽之正道疇。昔禁斷，
明著典常，茅以國家創業，崇尚寬仁，是致偽妄滋
彰，未及辨正耳❶。

　　耶律楚材認為，新興宗教猖獗，正邪莫辨，主要是因為國
家草創，典章制度未備所引起。而在這許多新興宗教中，影響
佛教信仰較深的就是「糠䕺」❶所引發的「辨邪論」之爭。這
不只是單純的宗教正邪之爭，亦可看成是士大夫與佛教的關係
之爭。

　　一個新興教團的興起，除了引發宗教問題外，同時也可能
引起社會問題。通常新興教團對時代的嗅覺比傳統宗教敏銳，
它們會為了順應時代的需求，而在教義上作一些因應措施，以
符合大眾需求。這樣的新興教團，會被廣泛討論，往往是基於
社會道德層面的考量。「糠䕺」就是典型的因民風教化的爭執
而引起士大夫普遍的關注。這種爭端，除了宗教內部問題外，
多少也反應了士大夫本身個人的宗教主張，政治理念。例如耶
律楚材〈糠䕺教民十無益論〉序云：

---

❶ 《湛然居士文集》卷八，頁84。（以下簡稱《文集》）
❶ 《請益錄》95則，行秀云：「糠䕺之祖劉紙衣，自稱為彌勒下生，並以彌
　　勒上、下生二經為所依經典，垂髮、白衣，不食白米。」與《唐大詔令
　　集》卷一百一十三〈禁斷妖訛等敕〉所云：「比有白衣長髮，假托彌勒下
　　生，因為妖訛，廣集徒侶，稱解禪觀，妄說災祥。……自今以後，宜嚴加
　　捉搦。」相似，二者是否有關聯，有興趣者，可作進一步研究。

予本書生，非釋非糠，從傍權義，辨而證之，何為不可乎？……昔屏山居士序《輔教編》有云：「儒者嘗為佛者害，佛者未嘗為儒者害。」誠哉是言也！蓋儒者率掌銓衡，故得高下其手，其山林之士，不與物競，加以力孤勢劣，曷能為哉？予觀作《頭陀賦》數君子，皆儒也，予不辨則成市虎矣！不獨成市虎，抑恐崔浩，李德裕之徒，一唱一和，撼搖佛教，為患不淺，故率引儒術，比而論之，以勵吾儒為糠蠹所惑者❶⑥。

　　從耶律楚材的序文，明顯的道出其參與這場爭論是基於保護佛教立場，同時也說明了不以政治力壓迫宗教的政治理念。他說：「恐崔浩、李德裕之徒，一唱一和，撼搖佛教，為患不淺。」崔浩是北魏太武帝廢佛政策主謀者之一。崔浩之所以主張廢佛，其背後正潛藏著一股漢胡民族抗爭的暗流。崔浩是以漢族領導者的地位，想要征服已成當時文化支配者的佛教；同時在快速成長下的佛教教團，也由於僧尼素質參差不齊，教團腐敗，從而提供崔浩一個廢佛的主要良機。耶律楚材基於相似的政治局面，以崔浩、李德裕暗指當時宗教政治問題若處理不當，很可能又釀成另一次毀佛事件，因此才會憂心的以嚴厲的態度，批判新興教團所引發的宗教爭端。

　　接著來看「糠蠹」對當時社會所造成的影響是什麼？依據耶律楚材〈趙元帥書〉云：

---

❶⑥《文集》卷十三，頁129。

糠糵乃釋教之外道也，此曹毀像、謗法、斥僧、滅
教、弃布施之方，杜懺悔之路，不救疾苦，敗壞孝
風，實傷教化之甚者也❶。

又行秀《請益錄》第九十五則更進一步云：

湛然居士辨邪論，以辨糠糵之祖劉紙衣，自稱彌勒
下生，廣引上生、下生二經，以佛言為定量。經云：
「卻後五十六億萬歲，爾乃下生。」糠糵下生何太早
乎？謂：「傅大士、憨皮袋，亦不當為彌勒化身。」
答曰：「傅大士造像寫經，不可勝數，糠糵大毀經像；
憨皮袋剃髮披緇，飲啖無擇，糠糵垂髮白衣，米亦不
食。若例二大士，甚不類也，當下無間地獄盡，轉徒
他方獄中。當來彌勒下生時，名亦不聞，輒敢竊比於
我聖流，因辨於此，學者應知❶。」

試比較上述二引文，明顯看出其關注重點不同。耶律楚材
重視的是善良民風被破壞，敗德現象在社會風行，會釀成社會
的動盪不安。這與他的政治主張「以儒治國，以佛治心」❶相
一致，因此他要竭力護教。行秀的重點，在於經教被曲解，佛
像遭毀棄，僧行被扭曲。基本上，他是從宗教立場出發。他在

---

❶《文集》卷八，頁85。
❶《請益錄》卷下，《卍續藏》67冊，頁503a。
❶《文集》卷十三，頁137。

《請益錄》第六則更批評道：

> 萬松嘗問糠禪：「背插荊挺何也？」糠曰：「《遺
> 教經》云：譬如牧牛之人，執杖視之，勿令縱逸，犯
> 人苗稼。」萬松笑曰：「癡人面前不得說夢，明言譬
> 喻，邪執為實。❷」

　　可見行秀的護教只是單純的為護教而護教，不同於士大夫
在護教背後還潛藏著政治企圖。如前面所述，金朝因帝室的關
係，整個社會瀰漫著蓋廟、齋僧、度僧、水陸法會、公賣度牒
以充國庫等事，對於憂心國事的士大夫，當然會因反感而思改
革，因此有些人只好假借對新興宗教的擁護，以遂能達成宗教
政策改革之目的，並進一步扭轉社會大眾對宗教信仰的態勢。
所以對「糠蘖」所引發的「辨邪論」之爭，不可等閒視之，吾
人何嘗不可視為是當時士大夫對佛教的另一種反動呢？

## 三、寺院結構改變

　　北宋初年，北方律寺比禪剎多，可是到了金元之際，屢見
將律寺改成禪寺❷。為什麼會這樣？真正的原因，不太清楚，
卻透露了一項訊息，即此時期的政治、經濟、文化已大不同於

---

❷ 同❸，頁433c-d。
❷ 見《文集》卷八所收錄之疏文，例如〈太原開化寺革律為禪仍命予為功德
主因作疏〉，〈三學寺改名圓明仍請予為功德主因作疏〉，〈平陽淨名院
革律為禪請潤公禪師住持疏〉，〈太原五台寺請予為功德主因作疏〉。

過往的年代。如前面已談過的「二重體制」宗教政策，新興教團的活躍等；另方面也彰顯了禪宗一枝獨秀的宗教信仰。何以禪宗會成為當時佛教代表？甚至影響了寺院結構的重新整合呢？要解答這個問題，我們不得不從整個大時代下所發展的佛教談起。

　　佛教自會昌法難以後，由於戰火連綿，諸宗的經論章疏，大半被湮滅，義學佛教因之衰微。禪宗由於標榜不立文字，教外別傳，且重視諸佛心印的把握，並能以極自由的態度處理經論等教典，故能昂首闊步於此兵荒馬亂時代。再者，由於會昌毀佛事件後，使得一些依附於政治庇護下的都市佛教式微，山林佛教因之興起。例如百丈清規的制訂，促使禪宗脫離律寺的羈絆，改以自給自足的生活方式來維持禪宗教團的生存，所謂「一日不作，一日不食」，並且透過普請及作務等勞動實踐來致力於日常生活的體驗，強調以體悟來繼承佛陀的大法。如楊億《百丈清規》序云：

　　　　百丈大智禪師，以禪宗肇自少室。至曹溪以來，多
　　　居律寺，雖列別院，然於說法、住持未合規度，故常
　　　爾介懷。……禪門獨行，自此老始。❷

《百丈清規》乃系斟酌中國固有的風俗習慣，配合佛教徒

---

❷ 山內晉卿著，傳戒譯〈趙宋以後的佛教宗派〉，叢刊14冊，頁13。原序收
　錄於《卍續藏》63冊，頁373a-b。

的實際生活而制定，與印度所傳戒律大異。百丈以前的禪僧，大多寄居律寺而受制約，但因民風不同，對事物的詮釋也會有出入，直至《百丈清規》制定以後，由於較符合中國民風，遂使律學與生活民情相聯結，終致佛教傳統所因習之印度律學權威受到挑戰。因此自《百丈清規》的制定後，佛教才脫離貴族佛教的制約，得以較自由、自主的方式發展，這或許就是禪宗蓬勃發展的內在因素，也是脫離教門、獨行於世的原因之一。

禪宗發展成五家七宗後，能夠從諸宗派脫穎而出，進而臨駕諸宗之上，是由於諸尊宿人格的超逸絕羣所成之故。例如晁公武《郡齋讀書志》云：「其人格（指禪宗五家七宗後諸尊宿之人格）為聰明賢豪，其言行為聯珠疊璧。」[23]可謂對禪僧推崇備至。又朱熹亦曾將諸尊宿比成諸巨魁大賊，以推崇其過人的才能。[24]可見禪僧豪邁不拘的個性，與叡智通達的才識被時人推崇、景仰於一般。這種因人文素養所散發出來的才情吸引力是沒有國籍的，對於由異民族統轄的金朝，亦同樣發揮無比

---

[23] 見山內晉卿內著，傳戒譯〈趙宋以後的佛教宗派〉之文，內引《文獻通考》卷227《景德傳燈錄》卷三十下引晁公武《郡齋讀書志》所載，對於諸尊宿的批評云：「嘗考其世，，皆出唐末五代，兵戈極亂之際。意者亂世聰明賢豪之士，無所施其能，故憤世嫉俗，長往不返。而其名言至行，譬猶聯珠疊璧。雖山淵之高深，終不能掩覆其光彩，而必揮潤於外也。故人得而著之竹帛，罔有遺佚焉。」，叢刊14冊，頁13。。

[24] 同註22。山內晉卿內文引《朱子全書》云：「嘗見畫底諸師，其人物皆雄偉。故果老謂臨濟若不為僧，必作一渠魁也。又嘗在廬山見歸宗像，尤為可畏。若不為僧，必作大賊矣。」並進一步說明云：「以諸尊宿的人格與山賊的巨魁同視，似擬乎不倫。然草莽英雄，大都有過人的才力。則朱子的以諸尊宿比諸巨魁大賊，實亦含無限的崇敬景仰之意。」

的魅力。行秀於《請益錄》第三十一則曾舉大慧宗杲《宗門武庫·首篇》王荊公與張文定公對話，而讚歎曰：

> 王荊公嘗云：「三代以前，聖賢多生吾儒中，三代以降，聖賢多生吾佛中。」近代老青州，潭柘開山性和尚，韓相國昉，施學士宜生曰：「二老若非事佛出家，皆王霸之器。」是知顏孟之時，佛法未至，倘能事佛，必馬鳴、龍樹之儔也。❷❺

可見禪僧獨特的個人風範也是決定宗教信仰走向的因素之一。這可從金初何以常詔請禪僧前往巨剎為開山初祖，並封為國師窺知一二。耶律楚材《從容錄》序亦云：

> 昔予在京師時，禪伯甚多，唯聖安澄公和尚，神氣嚴明，言辭磊落，予獨重之。❷❻

因此，禪僧的人格典範，亦是促使禪宗獨步於世的原因之一。不妨也可視為是律寺改成禪剎的潛因。

依據上述分析，禪宗的興起有其必然的歷史因素，但由於生活環境不同，文化上的差異，也可能使佛教發展模式發生丕變。在金元之際，北方異民族所統轄下的北方佛教的發展，

---

❷❺《請益錄》卷上，《卍續藏》67冊，頁476b。
❷❻《從容錄》序，《大正藏》48冊，頁226b。

也在此因素下，呈現迥異於南方佛教的發展。南方佛教，由於一直未受戰火波及，且受帝王的保護提倡，使得佛教呈現一片繁榮景象，並有五山十剎之盛況；相對的，北方佛教由於戰火連綿，朝代更替迅速，人民生活動盪不安，在此兵荒馬亂背景下，佛教想再過以往「一日不作，一日不食」叢林潛修的生活已不可能。加以受異族統治，人民朝不保夕，對宗教的需求也不同於前，民間宗教乘機竄起，皆迫使佛教不得不從山林再走回都市，尋求政治庇護，經濟支持。最典型的例子，就是以行秀為主的北方曹洞宗的發展型態，不同於以宏智為主的南方曹洞宗發展模式。行秀積極與政界人物往來，並躍居佛教領導地位；宏智排斥政治，遠離都會，以個人潛修為要務。換言之，北方佛教發展，較缺乏自主性，必須仰賴民心與政體的支持。金章宗曾譏諷佛教蓋大廟有營利之嫌，事實上，從許多不同名目的消災、祈福法會也可窺知一二。因此，基於經濟需求，迎合大眾口味，而將律寺改為禪寺的現象是可以被理解的。耶律楚材在其所作法會疏文中，亦透露了此一不得不然又無奈的心聲。如〈三學寺改名圓明仍請予為功德主因作疏〉云：

　　本無男女等相，著甚名模，強分禪教者流，且圖施
　　設。粵三學之巨剎，冠四海之名藍，今改僧面舍尼，
　　逐從禪而革律，邀印公為粥饅頭，請湛然作功德主。❷

---

❷《文集》卷八，頁80-81。

　　可見佛教為了發展，不得不向現實妥協，修正自己，以符合時代需求。然而，禪寺與律寺不同。禪寺是不立佛殿，唯樹法堂，法堂由長老住持。在說法時，作法簡單，只要長老為師即可。學眾皆入禪堂，大眾都在一起，其目的還是為了坐禪。由於這一變動，倒是提供給較重視坐禪的曹洞宗一個興起的機會。行秀生逢其時，面對此一時代巨變，如何展現自己而又能不失作為一位禪僧的風範呢？

# 第二節　行秀的處世態度

　　行秀生於金世宗大定六年（1166），示寂於元定宗元年（1246），河內解（河南省懷慶府）人，俗姓蔡，十五歲於邢州（河北）淨土寺出家。曾參學於潭州（湖南）慶壽寺勝默老人 ❷❽，大慶壽寺（燕京）玄悟玉禪師 ❷❾，潭柘亨和尚 ❸⓿，磁州（河北）大明雪巖滿 ❸❶，最後得雪巖滿印可，並承襲法嗣。金

---

❷❽ 《請益錄》65則云：「萬松昔年參勝默，教看『長沙如何轉得自己歸山河大地去？』半載全無入由。勝默曰：『我祇願汝遲會。』後來一日，打破漆桶，歡喜數日，寢而不寐。」《卍續藏》67冊，頁490c。

❷❾ 《請益錄》43則云：「萬松昔在大慶壽玄悟席下，一年入室兩度，經半年纔得告香入室。」《卍續藏》67冊，頁481b。

❸⓿ 《從容錄》6則云：「萬松昔年在大明作書記，時潭柘亨和尚過大明，昏夜叩門告侍者，燒香結緣，潭柘便放相見。」《大正藏》48冊，頁231a。

❸❶ 見諸傳記，如《五燈會元續略》卷一，《繼燈錄》卷一，《五燈嚴統》卷十四……。

章宗明昌四年（1193），奉詔至禁庭開示法要，並得到皇帝及
后妃、貴戚尊崇❷。歷任各大寺院住持❸，晚年退居從容庵，
自號萬松野老，人稱萬松老人。

　　依據諸傳記、塔銘記載，行秀精通孔、老、莊周百家
之學，不僅儒釋兼備，宗說精通，且辯才無礙。作品有《從
容錄》、《請益錄》、《祖燈錄》、《釋氏新聞》、《辨宗
說》、《心經風鳴》、《禪悅法喜集》、《鳴道集辨說》、
《觀音道場》、《藥師金輪》及淨土、仰山、洪濟、萬壽《四
會語錄》。除《從容錄》、《請益錄》傳世外，餘皆亡佚。得
法弟子有一百二十人，其中著名的有雪庭福裕、邢州至溫、林
泉從倫及在家弟子耶律楚材、李屏山等。不僅皆是名噪一時的
人物，且對佛教的推動，也都有其歷史地位。

　　目前學術界對於行秀的研究還在起步當中，只有少數幾
篇論文可資參考，如緒論中所載，此處不再贅言。以筆者目前
所能閱讀到的永井政之〈萬松行秀の傳記をめぐる諸問題〉和
黃春和〈萬松行秀生平略考〉二篇論文來看，永井氏論文重點
在行秀傳記資料排比之研究，並附上廣濟寺及行秀舍利塔之
考證。雖然作者取材資料豐富，卻很難從中窺探出行秀個人風
貌；黃氏對行秀一生有較完整的論述，但只是將資料做整理，
缺乏深入的探究，唯其在論文之後附上李屏山〈萬松舍利塔塔

---

❷ 《佛祖歷代通載》卷二十載：「金國明昌四年，詔請萬松長老於禁庭升
　　座。帝親迎禮，聞未聞法，開悟感慨，親奉錦綺，大僧祇支詣座授施，后
　　妃貴戚羅拜拱跪，各施珍愛以奉供養。」，《大正藏》49冊，頁693c。
❸ 歷任仰山棲隱寺，報恩洪濟寺，中都萬壽寺住持，而這三寺，皆是當時著
　　名古剎。

銘〉節略，倒可補行秀傳記之不足。由於禪僧個人的獨特風格，對宗教信仰走向也會產生決定性的影響。因此，筆者在此，想就行秀的處世態度做一補充研究。

　　日本學者山內晉卿〈趙宋以後的佛教宗派〉認為宋以後的佛教所呈現的特質是「儒自與儒爭，釋自與釋爭」，並進一步把這種諍競分為三類，即一、教與禪爭、二、禪宗內部之自諍競、三、教門內宗派相互的諍競❸。阿部肇一《中國禪宗史》歸結耶律楚材《請益錄》後序云：「是即在北方金朝治下，足以代表正統佛教的曹洞宗禪，與南方的臨濟、雲門等頗具勢力的禪宗相比對，實際上已經具備毫不遜色的禪宗內容，兩相對照之下，似乎其競爭意識還很強勁。」❸從兩位學者的結論來看，初步給人的印象是，佛教內部充滿著機巧爭辯。每一派系為了爭法統，皆忙著為自己貼上合法標籤而暗自較勁，教團內充滿著聲殺嘶伐之聲。對照行秀在評唱中亦語重心長的不斷殷殷告誡「爭鐵騎禪者」❸，切忌干戈相待。也隱約透露出，教團內部彼此相互傾壓的現象。行秀如何自處於此一危機中？可從下面幾點來考察，從而一窺其個性特質。

## 一、行秀對政治人物的態度

　　每一個時代都有其必須面對的問題，解決的方法也不盡相同。南北方的曹洞宗，所呈現的不同發展風貌，除前節所述，

---

❸ 山內晉卿著，傳戒譯〈趙宋以後的佛教宗派〉，叢刊14冊，頁11。
❸ 阿部肇一著，關世謙譯《中國禪宗史》，台北：東大，1988年7月初版，頁822。
❸ 指喜歡爭強好勝，不懂進退禮讓的參禪者。

因時代局勢不同所形成的外在因素之外，領導人自身的個性不
同也是型塑不同發展風貌的內在潛因。行秀身居北方佛教領導
地位，所憂心的事，當然不外是佛法延續問題。因此，在他積
極與政界人物往來的背後，應有其所奉行的基本原則。這個基
本原則是什麼呢？《請益錄》第二十九則云：

> 洪州武寧慧安禪師，與圓通秀鐵壁，同參天衣懷為
> 法屬，性皆剛直。安苦硬恬潔，非秀公若也。安居武
> 寧荒村破院，單丁三十年；而圓通應詔住法雲，其威
> 光烜然，可以引致法友，而昇青雲。或時以書致安，
> 安未嘗拆而棄之；侍者不解其意而問之。安曰：「吾
> 始以秀有精采，今知其癡也。夫出家兒，塚間樹下辦
> 那事，如救頭然，無故於八達衢頭，架大屋，養數百
> 閒漢，此真開眼尿床，吾何復對語哉！」然吾宗自此
> 益（亦）微矣！故云老胡絕望也。此猶是門庭施設邊
> 事；若也入理深談，天童道：「窮恨一身多。」武寧
> 單丁猶為分外，不見道：「若立一塵，家國喪之，野
> 老謳歌。」且道，那箇底是碧岫峰頭思大口，紅塵堆
> 裡誌公心。❸❼

顯然，行秀是採取理事不二的態度作為與政界人物交往的
基本原則。在事相上，他並不反對與政界人物往來，反而主張

---

以更寬容、開闊的心胸去包容俗世間的事物。也唯有如此，法
脈才有延續的可能。因此他認為這是居於門庭施設，方便教化
的措施；若深入道理來談，凡有所行事，皆非禪家本分內事，
必須以無心之心而行。換言之，也就是不存有與政界人物交往
之心與之交往，才能達到如野老謳歌般灑脫自在。

　　行秀這種理事不二的行事作風，亦可從下列二事得到證
明。耶律楚材〈釋氏新聞〉序云：

　　　章廟秋獵于山，主事輩白師曰：「故事車駕巡幸
　　本寺，必進珍玩，不然，則有司必有詰問。」師責之
　　曰：「十方檀信為出家兒，余與，若不具正眼，空食
　　施物，理應償報。汝不聞木耳之緣乎？富有四海，貴
　　為一人，豈需我曹之珍貨也哉？且君子愛人也以德，
　　豈可以此瑕類貽君主乎？」因手錄偈一章，詣行宮進
　　之，大蒙稱賞。❸❽

　　從此事可以明白行秀對出家、在家二者的對待有不同的見
解。他認為出家應了知因果，謹守出家分際，在家有在家應尊
的德行，各自有本身應奉行的本分事，不可混淆不清。對行秀
來說，只要每個人能各盡本分，在自己崗位上努力不懈，即是
體佛忠君之人，無須逢迎拍馬，借花獻佛，喪失僧格，委屈於
王公之前。因此，以行秀的立場來說，出家人就是按照出家人

❸❽《文集》卷十三，頁130。

的方式與政界人物來往，無須仿效世俗人的人情故事。這種行事典範，又可從下面之事進一步說明。同序云：

> 章廟入山行香，屢垂顧問，仍御書詩一章遺之，師亦泊如也。車駕還宮，遣使賜錢二百萬，使者傳敕，命師跪聽，師曰：「出家兒，安有此例。」使者怒曰：「若然，則予當迴車。」師曰：「傳旨則安敢不聽，不傳則亦由使者意。」竟焚香立聽詔旨。章廟知之，責其使曰：「朕施財祈福耳，安用野人閒禮耶。」上下悚然，服吾師不屈王公之前矣。❸❾

行秀在這裡，隱約承繼了「沙門不敬王者論」的思想。而金章宗並不以為忤，反而讚許的貶抑世俗之禮為野人閒禮。筆者於前面提到，金世宗不僅提倡「恢復女真故俗」，又大量翻譯儒家典籍，使得金朝典章誥命比遼、元二朝還要彬彬可觀。此處，金章宗把君臣之禮貶抑為野人閒禮，一面彰顯了他對佛教的推崇之意，另方面亦可視為是金世宗「女真故俗」恢復運動下對儒家文化的一種貶抑。

從政治層面來說，金朝在民族文化危機意識下，既想保留女真政治，又擺脫不了漢民族文化的同化命運，在這種矛盾心態下，只好在宗教政策上尋得補償。因為佛教不是中原文化的產物，對於歷代異民族來說，比較沒有文化歧視，因而容易

---

❸❾ 同❸❽，頁130-131。

被接納。相對的，佛教在中國傳統文化壓力下，必須經歷多次
衝突與調和，才能為漢人接納。例如沙門拜不拜王者，在中國
佛教史上，就曾發生多次的論爭，因非本文主要論題，暫置不
論。反過來看行秀，非常幸運的處於異民族統治的朝代，因此
能省掉一些爭辯而被接納。這對行秀來說，也算是一種機運。
行秀似乎也清楚這種優勢，並能把握機會，以不亢不卑的態度
贏得金章宗的賞識。或許正是這種機運，才促使他被金章宗詔
至禁庭說法，並得到王公大臣的推崇吧？

　　行秀這種處世態度，同時也影響佛教的發展命運。例如
至元佛、道二家的爭辯，若不是有行秀弟子福裕、從倫挺身而
出，並以豐富的學養，與道教抗衡，積極維護佛教教團的生
存，佛教是否又要面臨另一次法難？也未可知。總之，行秀與
執政者往來，有其時代需求與正面意義。

## 二、行秀對修學佛法的態度

　　行秀曾說：「萬松常愛佛鑑磊落開廓，出言倜儻，道：
『十字街頭小乞兒，腰間帶箇風流袋，八十婆婆齊下拜』。」[40]
可見行秀是一位心胸光明磊落，不拘小節的人。因此，面對教
團中干戈相向，暗自較勁的現象，不免有所感觸，進而宣洩於
言辭之間。如《請益錄》第十八則云：

　　　福州雪峰義存禪師，慈和善巧，退己讓人，萬世典

---

[40]《請益錄》卷上，第52則，《卍續藏》67冊，頁430b。

型，令人畏仰。……雪巖先師，事勝默師伯，跪受呵斥，或問其故，曰：「今諸方，或有師資法屬，諍訟招譏，獅子身中蟲，自食肉也。」萬松仰效萬一不可得也。❹

顯然依據行秀的認知，其所推崇的禪師典範，是慈和善巧，退己讓人，虛心受教者。他認為諍訟只能徒增世俗人的譏嫌外，還會影響佛法的延續。因此，對於宗門內的爭諍相當不以為然。所謂：「獅子蟲吃獅子肉」，佛法的衰微皆因自相殘殺，道德敗壞，倫理不存所致。若要令正法久住世間，唯一的途徑就是，慈和善巧，退己讓人，才能成辦。行秀的這番話，不妨視為是他經過自省後，對當時佛門現況所發出的沉痛之聲。而他自己也身體力行此觀念❷，可見行秀心繫宗門之殷切，同時也反應了他謙沖自抑的個性。

一位真有修證功夫的禪師境界，非一般凡夫所能測知。因此，行秀認為學法的第二個態度是要有開闊的胸襟，接受不同的教誨。不可因個人的喜惡，而妄自品評禪師境界高下，這不

---

❹《請益錄》卷上，《卍續藏》67冊，頁415a。

❷ 耶律楚材在〈釋氏新聞〉序裡記載云：「昔仰嶠叢林，為燕然之最，主事僧輩歷久不更，執權附勢，動搖住持。人來和中本寺奏請萬松老人住持，上許之。萬松忻然奉詔，人或勸之曰：『師新出世，彼易師之年少，彼不得施其欲，必起風波，無遺後悔乎！』師笑而不答，既住院，師一遵舊法，無所變更，惟拱然而已。夏罷，主事輩依例辭職，師因其辭也，悉罷之。師預于眾中詢訪耆德，為眾推仰者數人，至是咸代其職，積滿積風，一朝頓革，遠近翕然，稱師素有將相之材矣！」可見其為人慈和善巧。《文集》卷十三，頁130。

僅設限了自己，也自絕於他人之外。因此，他在《請益錄》第
五十二則告誡那些參鐵騎禪者云：

> 青州佛覺兩派既行，佛日提一枝臨濟禪，託迹聖
> 安，分寮入寺。一日自塢鼓上堂，抑揚雲門、臨濟宗
> 風，平分半眾，不辭而去，佛覺恬不介意。雪峰住
> 一千五百人，三聖託迹禪林，屢用衲僧巴鼻，加諸雪
> 峰，峰但以海涵天覆，上賓待之。萬古典刑，增人畏
> 仰。萬松叮嚀，後來參鐵騎禪者，切忌干戈相待。❹

學法的目的是要解決修道問題，而不是增加問題。因此，
如何得到禪師的啟發，把內在的修道問題解決，才是學法者應
關懷的事，至於用什麼方法，應屬次要。何況，禪風的不同，
並非悟道的內容有何不同，主要在於禪師個人個性上的差異所
致。元‧中峰明本禪師在《山房夜話》卷上就說：

> 或問達摩始以單傳直指之道，至十餘傳而分為五家
> 宗派者何也？不可破裂達摩一家之說，異而為五耶！
> 儻不異，則安有五家之說乎？幻曰：「所謂五家者，
> 乃五家其人，非五家其道也。❹

---

❹ 《請益錄》卷上，《卍續藏》67冊，頁430b。
❹ 《天目中峰和尚廣錄》卷十一上，《禪宗全書》48冊，台北：文殊，頁
106-107。

　　由此可知，行秀主張學法之人，但求受益，不可心存成見。從此一見解觀之，正說明了其個性上所蘊含的包容、內斂的潛質。耶律楚材曾就其師此一特質特別讚揚云：

　　　　石門洪覺範者，著《林間錄》，辨而文間有偏黨之語，後之成人之美者，未嘗不歎息於斯焉。我萬松老師之意，扶教利人也深，是以推舉他宗，談不容口，此與覺範之用心，相去萬萬者也。❹

　　從耶律楚材的讚揚，對照於石門惠洪覺範，由於個性較粗率，且輕於立論，故一生毀譽參半來看❹，更凸顯行秀個性上的溫和與為人內斂之特質。由此觀之，一個對自己有信心，能自主的人，絕不會依靠別人來肯定自己；在行事上，只會更溫和、圓融，而非戰鬥性。

　　依據上述兩點，筆者認為阿部肇一說「行秀有與臨濟、雲門競爭意識在」❹，值得再商榷。何況，行秀晚年把自己隱居處命名為「從容庵」，即隱含了從容不迫置身於亂世之中之

---

❹〈釋氏新聞〉序，《文集》卷十三，頁131。

❹依陳援庵《中國佛教史籍概論》卷六云：「覺範江西人，與黃山谷善，又習其鄉歐陽、王、曾諸公之緒，故雖出家，而才名籍甚。惟性粗率，往往輕於立論，故生平毀譽參半。」另，《四庫提要》亦云：「其書《林間錄》多訂讚寧《高僧傳》諸書之譌，是也。然所訂多不中，或為禪者一家之說，他宗不謂然也。且其語氣之間，抑揚太過……不能令人起信。」台北：新文豐，1983年元月初版，頁132，139。

❹阿部肇一著，關世謙譯《中國禪宗史》，台北：東大，1988年7月初版，頁822。

意。可見其氣度非凡，神情悠閒，那裡是那種爭強鬥狠，強出頭之人。

## 三、行秀對參師擇友的態度

　　早期中國禪師，很少經由訓示的方式獲得證悟，他們多半於青年時期即受到佛典的熏習，甚至有不少人還曾習過孔老之學，由於不能從書本中證悟真理，才轉向禪師叩教。後期（指唐會昌法難以後的禪宗）禪宗，除了以心傳心，只重證悟外，對於學理及系統知解均不擅長，結果禪宗因之帶來了危機。法眼文益《十規論》即列出十條❹，以此提醒世人，正視此危機。

　　行秀所處時代，正是後期禪宗發展時期。他本身不僅儒、釋兼備，宗說精通，且曾三次閱藏，恆以華嚴為業。對於宗門因重悟輕教所呈現的危機，自然會有所批判。

　　禪宗最愛標榜以心傳心，一脈單傳之師承關係，反而易造成求法者學習上的偏頗。因為只要有人證悟，大眾即形成一股旋風。問題是，自古學禪的人多，證悟的人少，在良師不易求得之下，若仍舊執著於以心印心的學習方式，不懂得廣泛的學習的話，將使自己失去更多的學習機會。基於學習的立場，行秀認為，不僅要向良師求法，更要向同輩問道。如《請益錄》

---

❹ 法眼《十規論》指出當時禪門病症有十種，即：一、自己心地未明妄為人師，二、黨護門風不通議論，三、舉令提綱不知血脈，四、對答不觀時節兼無宗眼，五、理事相違不分觸淨，六、不經淘汰臆斷古今言句，七、記持露布臨時不解妙用，八、不通教典亂有引證，九、不關聲律不達理道好作歌誦，十、護己之短好爭勝負。《卍續藏》63冊，頁37a-38c。

第二十則云：

> 漳州保福院從展禪師，一日雪峰忽召曰：「還會
> 麼？」福欲近前，峰以杖拄之，福當下冥契，作拜而
> 退。又以古今方便，詢於長慶稜，稜深許之。所以
> 道：「參師不如參友，參友不如參板頭聖僧。」蓋師
> 即難見，友則易逢，參師擇友，意在斯焉。❹

　　由此也彰顯了行秀不是一個偏狹封閉，只重垂直秩序的
人。在參學方式上，行秀不僅尊重傳統的師資倫理關係，如前
面《請益錄》第十八則所提雪峰與勝默之事，同時也看重平行
的同輩關係。這種垂直、平行交互運用的參學方式，若以學習
立場來論，不能不說是一種進步、成熟的參學方法。若就人的
氣度、胸襟來說，如果沒有圓熟、融通的包容力，怎能有此胸
懷呢？
　　行秀這種非僵化的學習態度，亦表現在「大悟不存師」思
想中。關於「大悟不存師」的思想，當然是建構在禪宗「究明
己事」實踐基礎上的一個結果。此處暫不討論有關思想層面所
延伸的深層問題，只就歷史層面來討論。前面提到禪宗內部的
諍競問題為宋朝佛教的特質之一。其中宗門系譜的爭執為此諍
競問題發端因素之一，同時也說明宋代佛教史學發達的狀況。
行秀是一位史學修養深厚的禪僧。面對此一時代爭端，作品中
雖沒有正面的提出批判，但從其評唱中亦可看出端倪。例如

---

❹《請益錄》卷上，《卍續藏》67冊，頁416a。

《請益錄》第六十六則云：

> 灌溪不負初心，為法不分男女，三年治圃，真大
> 丈夫。……天童卻道：「捏聚、放開都在我，拈來、
> 拋去更由誰？」且道：「如何得恰好去？」靈苗生有
> 地，大悟不存師。❺⓪

行秀認為法無男女相，無論執著與否，皆是分別，因此
唯有超越此一爭執，才能真正不爭執。所以他說：「靈苗生有
地，大悟不存師。」這種超越、灑脫的性格，可能與他恆以華
嚴為業有關。華嚴講理事不二，圓融無礙。行秀深受影響，造
就他能曠達、不偏激的行走於亂世之中。

## 四、行秀對儒、道的統攝態度

行秀對儒、道的統攝態度，是建立在佛教比儒家高的思想
基礎上。行秀雖然精通諸子百家之學，在評唱公案時，也常引
孔、老之學為喻，表面看起來，似乎是三教調和論之屬，仔細
研讀，不難發現他以佛教統攝儒、道二家思想的態度甚明。例
如《從容錄》第一則云：

> 儒道二教，宗於一氣，佛家者流，本乎一心。圭峰
> 道：「元氣亦由心之所造，皆阿賴耶識相分所攝。」❺①

---

❺⓪《請益錄》卷上，《卍續藏》67冊，頁436b-c。
❺①《從容錄》卷一，《大正藏》48冊，頁228a。

又第七十六則云：

> 今人見天童用莊子，便將老、莊雷同至道，殊不知，古人「借路經過」，暫時光景。❺❷

明顯的，他使用老、莊，只不過是借路經過，暫時權宜之策，真正的目的，還是在於對禪悟的說明。禪宗發展至宋代，已變成「繞路說禪」式的頌古、拈古、評唱模式。此一發展，也促使禪宗更走向教禪合一的途徑。也唯有如此，才能與儒、道二家相抗衡。因此，行秀曾驕傲的借張文定公語批判儒家云：「儒門淡薄，收拾不住，皆歸釋氏焉！❺❸」此處暫不討論事實真相是否如張文定公所言，至少行秀獨尊佛教的態度是可以肯定的。他於《請益錄》第十三則曾告誡弟子，不可本末倒置，棄佛就儒云：

> 佛印垂誡云：「教門衰弱要人扶，好慕禪宗莫學儒。祇見悟心成佛道，未聞行腳讀詩書，若教孔子超生死，爭表瞿曇是丈夫。齊己、貫休聲動地，誰將排上祖師圖？」❺❹

由於禪宗流行，許多文人詩客紛紛學佛參禪，並且把自

---

❺❷《從容錄》卷五，《大正藏》48冊，頁275c。
❺❸《請益錄》卷上，第31則，《卍續藏》67冊，頁421b。
❺❹《請益錄》卷上，《卍續藏》67冊，頁412c-d。

己所學之佛理，所參之禪趣，融入自己的詩文之中，造成在唐宋詩壇上，出現了一種「以禪入詩❺❺」、「以禪喻詩❺❻」的風氣。齊己、貫休皆是晚唐時代的詩僧代表人物，行秀此處提出來，無疑是對儒、釋、道三教合一的一種批判，同時也是對文字禪的批判。因此，他在《請益錄》第六十六則特舉灌溪、鄭夷甫、從寬等臨終瑞相❺❼，借以強調佛教無論是在學理上或實踐上皆凌駕於儒、道二教之上，同時也說明行秀是一位主張以自我解脫為終極關懷的宗教實踐者。

　　回顧前節提到，北方曹洞宗積極、活動性的風格與華南曹洞宗消極、靜態的風格不同。那麼，似乎與此處論證相衝突。關於這點，可以借用石井修道的說法：「行秀之所以評唱《從

---

❺❺ 這種詩的特點是引佛理、禪意入詩中。例如蘇東坡的〈琴詩〉云：「若言琴上有琴聲，放在匣中何不鳴？若言聲在指頭上，何不于君指上聽？」則是引《楞嚴經》的「譬如琴瑟琵琶，雖有妙音，若無妙指，終不能發」的經語佛意，以表達詩人之某種情懷與理趣。

❺❻ 這種詩的特點是不直接言佛談禪，而是寫田園山水，花鳥樹木，或吟閑適，或詠漁釣，但在言表意外，卻寓有佛理禪意。例如王維〈終南別業〉云：「中歲頗好道，晚家南山陲，興來每獨往，勝事空自知。行到水窮處，坐看雲起時，偶然值林叟，談笑無還期。」。

❺❼ 《請益錄》第66則云：「灌溪臨終問侍者曰：『坐化者誰？』（侍）者曰：『僧伽。』『又立化者誰？』（侍）者曰：『僧會。』溪乃行六七步地，垂兩手而逝。今士大夫，尚有不信者，獨不見鄭夷甫者乎？……嘗遇術者，能推人死期。令推己命，不過三十五歲，憂傷殆不可堪。……乃與佛者游（遊）。因授《楞嚴經》，歲餘，忽有所悟曰：『生死之理，我知之矣。』遂釋然放懷，預知死日，至期，沐浴更衣，親督人洒掃園亭，及焚香擇時，手指畫之間，屹然立化，其手猶作指畫之狀。……萬松門人，吾捨元帥從寬，臨終問其次兄曰：『佛祖父母，我今一箭射殺，二哥以為如何？』隨整襟坐脫。」《卍續藏》67冊，頁491a-b。

容錄》是為了統合南、北傳曹洞宗,以便確認曹洞宗的宗風是重視坐禪。❸」來說明南、北方曹洞宗,在外貌展現雖各有不同,實際上,其重視個人實踐體驗的基本立場是相同的。因此,行秀周旋於王公貴戚間,可視為是順應時代需求;其個人的宗教立場應該是重視實踐,以宗教解脫為主要目標,並為當時佛教界樹立禪僧典範。所以,行秀游離於俗世邊緣的態度,與印簡「宗政家❺」的才幹不同。行秀始終扮演一位宗教家的角色,發揮其圓熟、曠達的特質,行走於亂世中而努力。或許,正因為他在個性上蘊含了這些特質,才能夠特別得到耶律楚材的推崇吧?

# 第三節　行秀的學識

行秀的著作雖然豐富,可惜都已散佚,若想要窺其學識堂奧,只有《從容錄》、《請益錄》及耶律楚材《湛然居士文集》可提供一些線索。嚴格來說,行秀學識雖淵博,卻不是那種思想體系很龐大,能自成一家的大思想家型人物。誠如他自己所說,他只是「述而不作」,並非創作型人物。如果「述而

---

❸ 石井修道《宋代禪宗史の研究》第三章第四節,東京:大東,1987年初版,頁292。

❺ 長谷部好一〈元朝北地の禪教團〉一文曾提及,行秀晚年,臨濟宗的海雲印簡顯世,教界的主導權就移至印簡及其法裔之手。並且評論印簡有「宗政家」優秀的才幹。尤其是在1240年之後的50年,在大都、五台山、和林等地遊化,精力活躍。《印佛研究》期刊第17卷1號,1968年12月,頁298-301。

不作」也算是一種特色的話，那麼，要討論行秀學識的特色，也僅此而已，再則就是其史學修養。現在就從這兩方面來看行秀學識的特色。

## 一、述而不作

　　行秀所以評唱宏智頌古，除了應耶律楚材之請外[60]，主要原因是因為宏智頌古，每一句、一字皆有其典故、淵源，然而參學的人，由於學識不夠淵博，大多不能理解宏智之意；再則，雖有註釋書在坊間流通，可惜錯誤百出，粗劣不堪，因而引起行秀評唱動機。例如《從容錄》序云：

　　　擬諸天童老師頌古，片言隻字，皆自佛祖淵源流出，學者罔測也。柏山大隱集，出其事迹，間有疎闊不類者，至於拈提，苟簡但據款而已。[61]

　　再詳究其目的，有三點，例如同序云：

　　　一則旌天童學海波瀾，附會巧便；二則省學人檢討之功；三則露萬松述而不作，非臆斷也。[62]

---

[60] 耶律楚材《從容錄》序云：「爾後奉命赴行，在屬從西征，與師相隔不知其幾千里也。師平昔法語偈頌，皆法兄隆公所收，今不復得其棄。吾宗有天童者頌古百篇，號為絕唱，予堅請萬松評唱是頌，開發後學。」《大正藏》48冊，頁226c。
[61] 行秀《評唱從容錄》自序，《大正藏》48冊，頁227a。
[62] 同[61]。

　　可見他只是作一些補充說明的功夫，並非借題發揮，另有所抒發。而當吾人詳細閱讀《從容錄》或《請益錄》時，亦可發現他的考證功夫，除了糾正史料錯誤外，兼涉諸子百家之學，論及出處典故，學識之浩瀚可見一般。而行秀所以滿腹經綸，除了早年的涉獵外，最主要當然是他的好學不倦，耶律楚材就曾讚歎云：

　　　師應物傳道之暇，手不釋卷，凡三閱藏教，無書
　　　不讀。每有多聞，能利害於佛乘，關涉于（於）教化
　　　者，悉錄之。日（目）之曰《釋氏新聞》，將使見書
　　　而知歸，聞言而嚮道，真謂治邪疾之藥石，濟迷途之
　　　津梁也。豈小補哉！⑥

　　由此得知，行秀的治學之道，無非是勤於閱讀與作筆記，藉以作為濟迷途之津梁，可見他並無意於經教上自創另一體系，與他宗別苗頭⑥，他只是揀擇與修行、教化有關的記錄之。這與隋唐諸大宗師，希望能超宗越祖，自創體系，或兼容他宗之長，自成一格，自創宗派不同，行秀的重點仍是在實踐與教化上，因此，他自謂為學是「述而不作，非臆斷也。」這

---

⑥ 同⑮。

⑥ 同⑤，長谷部好一《元朝北地の禪教團》一文裡，曾就行秀與印簡作比較，長谷氏認為行秀繼承的洞山宗風，不排斥教學的修習，其晚年學徒也每以華嚴為課；印簡則繼承臨濟宗的不用學解，行棒喝、弄禪機的傳統禪風。兩位禪師皆為元代北方曹洞、臨濟巨匠。當印簡在天下做資戒會時，行秀弟子至溫也盡力幫忙，貫徹其宗旨來看，筆者認為行秀的宗派意識應該不強。

可從其評唱內容觀之，大都博引諸宗祖師之觀點論之，較少自己的推論與臆測得知。

　　通過上述討論，吾人明白行秀不僅重視實踐工夫，同時也不排斥經教，並且能廣泛的研讀，吸取知識，充實自己，裨益後學。而他在資料收集上，亦能客觀的判斷真偽，不因個人喜好而有所偏頗，相反能忠實的摘錄所見所聞，以供後學參考。可見他在為學上，並非謹守一宗一派的教典，而能採取宏觀的視野。關於這點，可從他在史學上的修養得到證明。

## 二、史學修養

　　阿部肇一認為《從容錄》是一部系列完備的禪機語歷史書❻。事實上，筆者認為行秀的另一部著作《請益錄》反倒是更能一窺其史學修養。為了方便討論，現將二錄有關燈錄考證部分列表於後：

| 書名（則） | 內容 |
|---|---|
| 從容（69） | 飛山法師戒珠作《別傳心法議》，毀斥南泉曰：「若願輩，不嗜學，不知本，不足以語如來教。」《無盡燈》附集依通，率易辨敘南泉，初習律，次聽華嚴，楞嚴，入中百門觀，聞馬祖傳言：「外道屢扣其旨，頓獲忘筌。」 |
| 從容（86） | 鎮州臨濟院慧照禪師，諱義玄，……造黃蘗，隨眾三年，並不參問，但秉節默處而已，首座異其殊眾，勉勸參學。《無盡燈》辨誤，竊謂：「濟居三年，黃蘗豈不放人問事？既放之也，如濟之器識，不能致一問端，須待首座教之，然後能問乎？」 |

❻ 同❸，頁635。

| 從容（92） | 羅什乃肇公受業師，瓦官寺佛馱跋陀羅，此云覺賢，乃嗣法師。《無盡燈》列于覺賢法嗣之列。 |
|---|---|
| 請益（5） | 《燈錄》洞山、密師伯同訪北巖，天童略之，不害正意。 |
| 請益（10） | 《燈錄廣本》更有一句，復問：「作麼生得力去？」萬松道：「臨行之際，撒手還家，指出路頭，還須拄杖。」《燈錄》復有橫拄杖於肩上曰：「栁栗橫擔不顧人，卻入千峰萬峰去。」天童作直入，各有理在。 |
| 請益（25） | 《無盡燈》主中主作賓中主，為對下句主中賓，然失洞上四賓主血脈。 |
| 請益（29） | 《無盡燈》作總似今夜有望、絕望。 |
| 請益（38） | 《無盡燈》僧問法眼：「聲色兩字，甚麼人透得？」眼謂眾曰：「且道這箇僧透得也未？」……天童略之道：「僧問法眼聲色兩字，如何透得？」 |
| 請益（48） | 僧問：「如何是道？」……僧云：「不會。」……香嚴答：「枯木裡龍吟。」《無盡燈》作僧云：「不會。」嚴云：「髑髏裡眼睛。」 |
| 請益（66） | 《傳燈》以藥山天皇首嗣石頭，覺範憑碑後列名，勒歸馬祖，獨不見龐老、灌溪之事乎？近代玄悟玉、慶壽朗諸師議論亦可息矣。 |
| 請益（68） | 《無盡燈》僧問曹山：「西園撫掌，豈不是明沙彌邊事？」曹山云：「是。」僧云：「如何是向上事？」曹山云：「這沙彌。」天童此語三處與《無盡燈》不同。一西園為南園。……天童作曹山語，仍多俱胝一指頭禪，……此二不同也。三改沙彌作奴兒婢子，仍多兩轉語，因辨於此，學者應知。 |
| 請益（79） | 巖頭聞之，令僧向山道：「傳語十八姊，好好事潘郎。」《無盡燈》語曰：「是師之舊事。」見《別傳》。 |
| 請益（99） | 《無盡燈》錄云：「僧問洞山：『時時勤拂拭，為什麼不得鉢袋子？』……」 |

　　依據前表所列，吾人對行秀的史學修養，可歸納為三點：
（一）辨明史料之真偽，（二）校訂史料之訛誤，（三）補充
史料之闕漏。現在進一步說明如下：

## （一）辨明史料之真偽

　　現代學者由胡適起，對禪宗歷史紛紛質疑，例如二十八祖
傳承問題，達摩一葦度江，慧可雪中斷臂等諸問題，已被證實
皆是因某些歷史因素而被捏造出來。這些研究的結果造成學者
兩極化的態度——不是對禪宗史料一概懷疑；便是完全的相信
傳統的禪宗史。不管誰是誰非，這種求真態度，不只現代學者
才有，早在古代較有自覺的禪僧，便已開始對史料真偽提出質
疑。例如《請益錄》第九十五則，行秀評論糠粃源流時云：

　　　　湛然居士著〈辨邪論〉，以糠粃之祖劉紙衣，自稱彌
　　　勒下生，廣引上生下生二經，以佛言為定量。經云：
　　　「却後五十六億萬歲，爾乃下生。」糠粃下生何太早
　　　乎？謂：「傅大士憨皮袋，亦不當為彌勒化身。」答
　　　曰：「傅大士造像寫經不可勝數；糠粃大毀經像。憨皮
　　　袋剃髮披緇，飲啖無擇；糠粃垂髮白衣，米亦不食。若
　　　列二大士，甚不類也，方當下無間地獄盡，轉徙他方
　　　獄中，當來彌勒下生時，名亦不聞，輒敢竊比於我聖
　　　流，因辨於此，學者應知。」❻❻

---

❻❻《卍續藏》67冊，頁503a。

又《請益錄》第七十九則，行秀對欽山文邃與雪峰、巖頭在鰲山鎮嘗遭魔嬈之事，亦提出辨明云：

> 萬松昔在眾中見舉欽山三人至鰲山鎮，山遭魔嬈，皆號事者為之。雪峰於鰲山鎮宿夜坐禪，責巖頭睡，乃曰：「今生不著便，所到常為欽山負累。」所謂負累者，一則別嗣洞山，二為德山打我太煞。巖頭曰：「汝向後莫道我曾見德山來。」黃口禪和見巖頭點傳與十八姐，又見雪峰道：「為欽山負累。」緣在鰲山店，一人傳虛，萬人傳實，意謂鰲山鎮嘗遭魔嬈。………此類欽山前話，隨語生解，大可笑也，因辨於此，學者應知。❻❼

《從容錄》第九十六則，行秀對當時有些人假託初祖胎息說，趙州十二時別歌，龐蘊轉河車頌，私下祕密傳授行持，祈求延年益壽，全身脫去，提出辨明云：

> 佛果示杲上人法語云：「嗟！見一流拍盲野狐種族，自不曾夢見祖師，卻妄傳達磨以胎息傳人，謂之傳法救迷情，以致引從上最年高宗師，如安國師、趙州之類皆行此氣，及誇初祖隻履，普化空棺，皆謂此術有驗，遂致渾身脫去，謂之形神俱妙。而人厚愛此

---

身，怕臘月三十日悼惶，競傳歸真之法，除夜望影，
喚主人公，以卜日月，聽樓鼓，驗玉池，覷眼光，以
為脫生死法。真誑諕閭閻，捏偽造窠，貽高人嗤鄙。

　復有一等，假託初祖胎息說，趙州十二時別歌，
龐居士轉河車頌，遞互指授，密傳行持，以圖長年及
全身脫去，或希三五百歲，殊不知，此真是妄想愛
見。」❻❽

　又，《請益錄》第七十六則，對慧洪評判古人之輕率亦提
出其看法云：

　東坡鎮維揚，幕下皆奇豪。一日石塔遣侍者投狀，
求解脫事。東坡問：「長老何往？」對：「欲歸西湖
舊廬。」即令出別俟指揮。東坡於是將僚佐同至石
塔，令擊鼓，大眾聚觀，袖中出疏，使晁無咎讀之。
其詞曰：「大士何曾出世，誰作金毛之聲，眾生各自
開堂，何關石塔之事，去無作相，住亦隨緣，惟戒公
長老開不二門，施無盡藏，念西湖之久別，亦是偶
然，為東坡而少留，無不可者。一時稽首，重聽白
槌，渡口船廻，依舊雲山之色，秋來雨過，一新鐘鼓
之聲。謹疏！」

覺範曰：「余以為戒公甚類杜子美、黃四娘耳！東坡妙觀逸想，託之以為此文，遂與百世俱傳。」

萬松道：「覺範失言也！以石塔戒比黃四娘，何啻天淵。東坡昔赴文登，戒往迓之。」坡曰：『吾欲一見石塔，以行速不及也！』戒起曰：『看這箇是塼浮圖耶！』坡曰：『有縫奈何！』戒曰：『若無縫爭解容得世間螻蟻？』坡首肯之。坡待戒公為方外士，子美視黃四娘留連戲蝶者也！因辨於此，學者應知。❻❾

又《從容錄》第八十六則，行秀以《無盡燈》間接對臨濟傳提出看法云：

鎮州臨濟院慧照禪師，諱義玄，曹州南華人，姓邢氏。初遍習經論，知非要捷，而造黃蘗，隨眾三年並不參問，但秉節默處而已。首座異其殊眾，免勸參學。《無盡燈》辨誤，竊謂濟居三年，黃蘗豈不放人問事？既放之也，如濟之器識，不能致一問端，須待首座教之，然後能問乎？

嘗見楊無為作濟贊：「正法眼藏瞎驢邊滅，黃蘗老婆大愚饒舌。」又見佛果作睦州贊：「辛辛辣辣，哇哇喥喥。」穿濟北為大樹，推雲門墮險崖，言如枯柴，理不可階，是之謂鎮浦鞋。❼❿

---

❻❾《卍續藏》67冊，頁495a-b。

　　從上述之例，可以看出禪宗史學的演變，由爭取傲視諸宗的立場，轉而成為自省、求真的態度，這在史學上，應該算是一種進步。行秀在其作品中，雖然沒有直接提出質疑，但是他已能夠指出可疑的史料，以供學者參考，可見其為學的態度是相當客觀嚴謹的，不似慧洪輕率。❼

## （二）校訂史料之訛誤

　　前面提到，行秀評唱《從容錄》的目的是為了「省學人檢討之功」。佛教自會昌毀佛以後，由於戰禍連綿，許多史料已亡佚，以致有許多人穿鑿附會，引起爭議。行秀面對紛爭，不僅能夠不以訛傳訛，反而能就不同燈史排比對誤，指出其異同，提出自己觀點，實際上已具備現代科學研究方法。典型例子，就是前表《請益錄》第六十八則，行秀依《無盡燈》訂正天童頌文云：

　　　《無盡燈》僧問曹山：「西園撫掌，豈不是明沙彌邊事？」曹山云：「是。」僧云：「如何是向上事？」曹山云：「這沙彌。」天童此語三處與《無盡燈》不同，一西園為南園。洞山聞云：「一等是箇拍手，就中西園奇怪。」天童作曹山語，仍多「俱胝一指頭禪，蓋為承當處不諦。」一轉語，此二不同也。

❼《大正藏》48冊，頁282c。
❼ 參閱❻。

　　三改沙彌作奴兒婢子，仍多兩轉語，因辨於此，學者
　　應知。❼❷

　　從前面引文得知，行秀不因天童是自家派下師祖而予以包
蔽，相反能客觀指出其錯處，可見其為學嚴謹、仔細之求真性
格。例如《請益錄》第十七則、《從容錄》第九十三則，即分
別指出天童錯處云：

　　襄州石門慧徹機緣，天童作廣德，今辨於此，學者
　　應知。❼❸

　　終南山雲際師祖禪師，法嗣南泉，天童誤為魯祖，
　　就此辨之，學者應知。❼❹

　　這種客觀、謹慎的治學態度在《從容錄》第四十八則亦能
窺知。行秀於該則指出《無盡燈》錯處云：

　　永嘉集奢摩他頌第四云：「今言知者，不須知知，
　　但知而已，則前不接滅，後不引起，前後斷續，中間
　　自孤。」《無盡燈》末，未詳法嗣中，有開封府夷門
　　山廣智禪師，諱本嵩，別無語緣，全舉此段。文公不

────────────────────────

❼❷《卍續藏》67冊，頁492b。
❼❸《卍續藏》67冊，頁469c。
❼❹《大正藏》48冊，頁287b。

知出永嘉集，謂嵩創設，因辨之於此，學者知之。❼

又，《從容錄》第九則，行秀對於南泉斬貓公案，各給《鏡心錄》與《無盡燈》五十大板云：

　　遼朝上人啟作《鏡心錄》，訶南泉輩殺生造罪，文首座作《無盡燈》辨誤救云：「古本以手作虛砍勢，豈直（真）一刀兩段，鮮血淋迸哉！」這兩箇批判古人，文公罪重，啟公罪輕，南泉依舊水牯牛隊裡搖頭擺尾。❼

可見行秀雖常依《無盡燈》作為校訂文獻的範本，但並非盲目跟隨。又如《請益錄》第二十五則，亦同樣對《無盡燈》錯處提出批判云：

　　《無盡燈》主中主作賓中主，為對下句主中賓，然失洞上四賓主血脉。❼

行秀除以《無盡燈》作為文獻校訂的範本外，對其他文獻亦能留心詳細閱讀。例如《請益錄》第十三則，行秀即以《正宗集》與其他文獻作為校訂古則之依據，詳情如下：

❼《大正藏》48冊，頁257c。
❼《大正藏》48冊，頁232c。
❼《卍續藏》67冊，頁473c。

　　《正宗集》（云）：石霜上堂，僧問：「萬戶俱開
即不問，萬戶俱閉時如何？」有本更作：「雲蓋問：
『開即明不越戶，閉即穴不棲巢。』」❼⃝

　　另，《請益錄》第十則，行秀亦引《燈錄》廣本作校訂古
則之依據云：

　　《燈錄》廣本（云）：更有一句，復問：「作麼
生得力去？」………《燈錄》復有橫拄杖於肩上曰：
「椰栗橫擔不顧人，卻入千峰萬峰去。」天童作直
入，各有理在。❼⃝

　　而《請益錄》第五則對鄂州北巖明哲禪師名諱之考證，更
是多本比對舉證云：

　　今中山府栢巖山，塔寺俱存，在唐縣界。師嘗有頌
曰：野寺絕依念，空山曾遍行，老來披衲重，病起讀
經生，乞食嫌村遠，尋溪愛路平，多年栢巖住，不記
栢巖名。
　　閬仙賈島哭師詩曰：苔覆石床新，吾師占幾春，寫
留行道影，焚却坐禪身，塔院關松雪，僧堂鎖隙塵，
自慚雙泪下，不是解空人。

---

❼⃝《卍續藏》67冊，頁468a。
❼⃝《卍續藏》67冊，頁466c。

（萬松道）頌詩刻石具在。《高僧詩》謂前篇乃
清塞贈栢巖所作。此方既號栢巖，鄂州宜號北巖，師
居兩處，故有二名。《無盡（燈）》辯（辨）誤云：
「栢巖有二：一定州出馬祖，一鄂州出藥山。」鄂又
名栢顏，與馬祖無由緣，故今除定從鄂，諸錄無此頌
詩，萬松錄出，學者應知。（又）《燈錄》（載）洞
山、密師伯同訪北巖，天童略之，不害正意。❽

　從上面引言可以看出，行秀治史不僅注重古人著作，亦
重視田園調查，這種細膩的治學態度，亦可從《請益錄》第
五十一則行秀廣引諸經考證罔明菩薩名號得到證明。行秀云：

此緣本出《諸佛要集經》，天王如來於欲色二界中
間，諸佛集會，文殊邀彌勒共往，勒辭不行，文殊由
（猶）起佛見法見，貶在二鐵圍山間，為諸菩薩說四
意止。如來召之，還至佛所，見女在定，殊意我貶山
間，女何近佛？佛敕文殊出定問之，乃至兩山相擊，
托至梵天，竟不出定。佛言：「下方有棄諸陰蓋菩
薩，能出女定。」俄棄蓋至，彈指三下，女便出定。
今作罔明，諸方久傳。罔明本出《思益經》，亦曰
《勝思惟梵天所問經》，與罔明菩薩有問答，罔當從
系，蓋取交光相羅之意，故號罔明，因辨於此，學者

應知。❽

　　由於行秀治學態度非常嚴謹，因此對於治學粗心，胡亂
張冠李戴者，偶爾會有喝斥。《從容錄》第七十六則、《請益
錄》第六十六則即可證明。《從容錄》第七十六則對於雲門三
句歷史淵源即提出其看法云：

　　南嶽與天台，往往指此頌為雲門所作，此皆看閱不
　　審也。道嗣德山密，密嗣雲門，雲門雖有「天中涵蓋，
　　一鏃三關」之語，因密公拈出，道公頌之，祖述三世，
　　而三句始明。此與大陽三句，三玄三要大同小異。❽

　　《請益錄》第六十六則則是對當時諸禪師的議論提出不耐
煩的棒喝云：

　　老龐嫡嗣馬祖，兼稟石頭，藥山、天皇，亦出二師
　　門下。《傳燈》以藥山、天皇首嗣石頭，覺範憑碑後
　　列名，勒歸馬祖，獨不見龐老、灌溪之事乎！近代玄
　　悟玉、慶壽朗諸師議論亦可息矣！❽

　　從上面諸引證，不僅說明行秀對史學的涵養與深度，是否

---

❽《卍續藏》67冊，頁485a。
❽《大正藏》48冊，頁275b。
❽《卍續藏》67冊，頁491a。

也說明行秀因為處於異民族統治下的北方，所以較有機會擺脫
傳統佛教包袱，而能夠以較活潑、客觀的態度去檢驗史料呢？

## （三）補充史料之闕漏

　　行秀另一評唱目的是「旌天童學海波瀾，附會巧便」。
對於宏智頌古或拈古省略或簡略之處，若不是對史料熟稔，學
識淵博，很難指出其省略處，更不用談還原回去。例如《請益
錄》第三十八則，行秀即清楚指出天童省略之處云：

　　　《無盡燈》僧問法眼：「聲色兩字，甚麼人透
　　得？」眼謂眾曰：「且道這箇僧透得也未？若會此僧
　　問處，透聲色即不難。」天童略之道：「僧問法眼聲
　　色兩字如何透得？」這箇喚作當陽顯露。㊙

《請益錄》第六十七則亦指出天童省略處云：

　　　睦州尋常辯若懸河，及乎（呼）這僧問著祖意、教
　　意分疏不下。僧又問：「如何是青山？」州云：「還
　　我一滴雨來。」僧云：「學人不會，請師道。」州
　　云：「法華峰前陣，涅槃句後收。」天童略之，恐涉
　　教意。㊝

---

㊙《卍續藏》67冊，頁479b-c。
㊝《卍續藏》67冊，頁491c。

此處，對行秀學識之淵博，又可得到另一旁證。

總結上述三點，行秀在史學的貢獻，除了辨明、校對、補充之外，仍是「述而不作」。雖然他曾著《祖燈錄》六十二卷，但因已亡佚，無法深入探究其史學觀為何，所以只能就現有的作品來評斷。總之，行秀學識雖淵博，卻是述而不作。而其得法弟子一百二十人當中，就有多位是名重一時的才俊之士，可見其對佛教的貢獻，不在著述，而是教育下一代。

## 第四節　結論

不同環境造就不同的人才，不同的人才成就不同的學說。行秀所處的歷史背景，無論是政治、社會，皆與傳統中國不同，也因此造就了他比傳統中國禪僧更圓融、曠達，理事不二的處世態度，而這種圓熟的性格，亦不知不覺反映在他的禪學思想中，到底行秀禪學思想核心為何？將在另章討論。

# 第三章 《從容錄》之版本、結構及引書

## 第一節 評唱成立年代與版本

### 一、評唱成立年代

《從容錄》是行秀依據《宏智頌古百則》評唱而成,全名為《萬松老人評唱天童和尚頌古從容庵錄》,簡稱《從容庵錄》或《從容錄》。依據耶律楚材《從容庵錄》序云:「予堅請萬松評唱是頌,開發後學,前後九書,間關七年。」❶由此可知,行秀作評唱,前後歷時七年,即自金宣宗興定一年(1217)至金宣宗元光二年(1223)。此年代的推算是根據行秀寄耶律楚材書末有「癸未年上巳日」❷而來,距離《宏智頌古》初次刊行——宋寧宗慶元二年(1197)約二十六年,因此《從容錄》評唱成立年代是金宣宗元光二年,也就是宋寧宗嘉定十六年(1223)。《禪籍目錄》記載其最早刊行年代為宋嘉定十七年(1224)❸,應加以訂正。

---

❶《從容錄》序文,《大正藏》48冊,頁226c。

❷〈行秀寄湛然居士書〉《大正藏》48冊,頁227a。

❸參閱小川靈道主編、駒澤大學圖書館編輯《新纂禪籍目錄》,駒澤大學圖書館出版,1962年發行,頁205。

## 二、版本

《從容錄》版本，依其刊行年代先後次序排列如下：

| 1223年 | 金宣宗元光二年刊 | ？卷 | |
| 1264年 | 元釋離知編 | 二卷四冊 | 明刊黑口本 |
| 1607年 | 明萬曆三十五年徐琳刊 | 六卷 | 駒大藏 |
| 1681-83年 | 連山交易本 | 六卷 | |
| 1881年 | 光緒七年福緣蓮社刊 | 十卷三冊 | 駒大藏 |

金宣宗元光二年所刊行之版本，是依《從容錄》評唱成立年代推算得知。由於此版本已亡佚，因此無從得知其卷數。

元釋離知所編之二卷本，以下簡稱離知本，被收錄於國家圖書館善本室。由於明萬曆三十五年徐琳所刊之版本，以下簡稱萬曆本，成為後來《從容錄》諸傳本之底本，例如大正藏經本及卍續藏經本皆屬之。因此在討論諸版本特色時，即以萬曆本作為比較對象。

離知本與萬曆本不同處有四：（一）卷數不同。萬曆本卷一至卷四，離知本編為卷上；萬曆本卷五至卷六，離知本編為卷下。（二）離知本目錄下無分類。按照離知本刊行年代來看，其距離《從容錄》最早刊本僅四十一年，且離知與行秀為同時代人，因此可以確定目錄下分類，如說法、帝王、祖教、對機等為後人所加，原版本無此分類。因為這些分類與《禪林類聚》分類相同。而《禪林類聚》是元成宗大德十一年（1307）時，由天寧萬壽禪寺善俊及門人智境、道泰編纂而

成。（三）離知本重刊後有跋，萬曆本無。離知本刊行年代即是依此後跋末之「甲子歲冬暮」推算而來。（四）離知本正文夾雜許多善男信女名字，偶爾亦個別迴向給眷屬。據此看來，此版本的刊行，可能是由信眾按則認捐，合力助刊而成。有趣的是，上卷助刊人皆為在家人，下卷助刊人則大部分為出家人。此助刊現象，可能成為其編輯分卷之依據。

連山交易本是被收錄於櫻井秀雄監修的「禪籍善本古注集成」裡。其所依之底本為萬曆本。不過在卷數及目錄與音義放置位置與萬曆本稍有不同。萬曆本底本是在各卷首皆有目錄，連山交易本把它集中置於卷首，萬曆本底本音義是置於各卷末尾，連山交易本為了方便閱讀，將音義集中置於卷六末尾。大正藏經本與卍續藏經本排列方式大致同於連山交易本，只是省略卷六末之音義部分。

光緒七年福緣蓮社本，因為被收藏於日本駒澤大學圖書館，台灣找不到影本，因此仍有待目驗。

除上述諸刊本，目前所能見到的傳本，有《大正藏》經本與《卍續藏》經本，及1990年，台北文殊刊行之《禪宗全書》第八十六冊，三卷一冊本，與1991年，台北廣文書局刊行之三卷一冊本。

《禪宗全書》八十六冊刊行之傳本為三卷本，所依底本不詳。不過依據各卷首皆有目錄，各卷尾亦有音義來看，其所依底本應與萬曆本底本相同。又目錄下無分類，可見此底本刊行年代相當早。雖然《從容錄》最早刊本已亡佚，不過由此可推論《從容錄》最早傳本應為三卷，非《禪籍目錄》所載六卷。

由此看來，萬曆本之底本，原來應為三卷本，不知何時被改編成六卷本？

　　台北廣文書局刊行之傳本，所依底本亦不詳。不過與《禪宗全書》八十六冊相比對，則內容排列與《禪宗全書》本完全相同，可見其所依底本與《禪宗全書》所依底本相同。

　　為了方便查閱，本論文討論時所引經句皆以大正藏經本為主，若有錯字，則依連山交易本改正之。

　　從上述討論，可以得到兩個結論。一、《從容錄》傳本演變過程是從三卷本歷經二卷本、六卷本乃至十卷本。其中六卷本最通行。換言之，《從容錄》傳本至明萬曆本刊行後已成定本。二、《從容錄》早期刊本目錄古則下無分類。依據後來所書分類名稱來看，與《禪林類聚》分類名稱相同。因此可以判斷目錄下的古則分類名稱是於《禪林類聚》完成後，不知由誰附加上去的。


# 第二節　組織形式與內容結構之分析


　　行秀對《宏智頌古百則》作評唱時，曾參閱《柏山大隱集》、佛果《碧巖錄》及圓通《覺海錄》。並且批評《柏山大隱集》為疏闊不類，讚賞《碧巖錄》示眾完備，《覺海錄》句句完整。❹《柏山大隱集》與《覺海錄》皆亡佚，不知其組

―――――――――――――――――――――――

❹ 同❷。

織，內容結構如何？現只能將《從容錄》與《碧巖錄》對照來看，兩錄皆由示眾、古則、頌古、評唱、以及古則、頌古下之著語五種文體構成。《碧巖錄》比《從容錄》早問世一百年，因此可以說《從容錄》的寫作方式完全模仿《碧巖錄》。現就依其組織形式與內容結構兩方面來進行探討。

## 一、組織形式

從組織形式上來說，《從容錄》是由「示眾」、「古則」、「頌古」、「評唱」、「著語」五種文體構成，而此五種文體各有其不同意涵。

「示眾」是整則公案重點提示，有提綱挈領作用。如果能夠把握住「示眾」中所隱含之宗意，就很容易通過本則的關卡。換言之，「示眾」是行秀對弟子提示本則公案要點，以便協助弟子能夠掌握自宗實踐要旨。

「古則」是宏智從禪門中所有古聖先賢的言行及學人悟道機緣等重要事蹟中，選出一百則最精彩的公案作為古則公案。每一則公案開頭皆有一「舉」字，意思是「有這樣的話，我舉出來給你們看」。

「頌古」是歌頌古則公案的詩。因為這段偈頌是歌頌前面的古則公案，所以稱為「頌古」。這是宏智的傑作，也是反映宏智思想與才華之處，為什麼宏智不用長行，而用偈頌方式來闡揚前面古則公案？主要是避免直接說破，妨礙參學者悟道。再則禪理很難述說，若用偈頌形式來表達，較能發揮宗乘之奧義，啟發學人的靈感，進而知其詠歎禪旨之落處。

　　「著語」又名「下語」。就是在「古則」及「頌古」的各句文下面所加註的細字。有時有數字，有時僅一字。這是行秀以自身的見解所下的短評，內容簡捷有力，常有一針見血之功效。

　　「評唱」是在「本則」及「頌古」後面附加的文章。行秀以散文的形式，對古人之機緣，依其一問一答，一言一句提出個人的見解。有時抑揚褒貶，有時同道唱和。主要是為不能充分體得禪味者，對古則或頌裡面的因緣故事、語意、字趣作講解與評論，以便啟發參學者的見地。通常稱這種評唱方式為繞路說禪。

## 二、內容結構

　　就內容結構來看，《從容錄》主要是以《宏智頌古百則》為發展主軸，而這一百則公案是如何撰出？依據神保如天的看法，宏智主要是以《景德傳燈錄》裡所收錄的公案為主，並參閱其他典籍，如《宋高僧傳》、《傳法正宗記》等。❺其中有五則公案是直接引自經典，即第四十五則《圓覺經》、第四十八則《維摩結經》、第五十八則《金剛經》。第六十七則《華嚴經》及第八十八則《楞嚴經》。再加上第百則間接引《楞嚴經》經文作為公案問答，則共有六則公案是與大乘經典有關。

---

❺ 神保如天《從容錄》第七節，收於井上哲次郎，宇井伯壽，鈴木大拙監修《禪の書》，東京：春陽堂書店，1986年，第二刷，頁296。

　　若從頌古歷史發展來看，在《宏智頌古》之前，即有《汾陽頌古》、《雪竇頌古》、《投子頌古》及《丹霞頌古》四大家頌古問世，因此宏智在公案挑撰上，除了曾參考上述典籍外，也有可能同時參閱此四大家之頌古。

　　進一步對照四大家頌古內容，則發現《宏智頌古》有四分之一古則與《雪竇頌古》相同。詳見下表：

| 《從容錄》 | | 《雪竇頌古》 |
|---|---|---|
| 第一則 | 世尊陞座 | 第七九則 |
| 第二則 | 達磨廓然 | 第一則 |
| 第六則 | 馬祖白黑 | 第七五則 |
| 第九則 | 南泉斬貓 | 第六三、六四則 |
| 第十六則 | 麻谷振錫 | 第三一則 |
| 第二四則 | 雪峰看蛇 | 第二二則 |
| 第二五則 | 鹽官犀扇 | 第七八則 |
| 第二九則 | 風穴鐵牛 | 第三八則 |
| 第三十則 | 大隋劫火 | 第二九則 |
| 第三一則 | 雲門露柱 | 第六七則 |
| 第三三則 | 三聖金鱗 | 第四九則 |
| 第三四則 | 風穴一塵 | 第六一則 |
| 第三六則 | 馬祖不安 | 第三則 |
| 第四八則 | 摩經不二 | 第八七則 |
| 第五十則 | 雪峰甚麼 | 第五一則 |
| 第五三則 | 黃檗噇糟 | 第十一則 |

| 第五四則 | 雲巖大悲 | 第九二則 |
|---|---|---|
| 第五八則 | 剛經輕賤 | 第九七則 |
| 第六十則 | 鐵磨牸牛 | 第二四則 |
| 第六三則 | 趙州問死 | 第四一則 |
| 第七一則 | 翠巖眉毛 | 第八則 |
| 第七八則 | 雲門餬餅 | 第八二則 |
| 第八十則 | 龍牙過板 | 第二十則 |
| 第八四則 | 俱胝一指 | 第十九則 |
| 第八五則 | 國師塔樣 | 第十八則 |
| 第八八則 | 楞嚴不見 | 第九四則 |
| 第九一則 | 南泉牡丹 | 第四十則 |
| 第九二則 | 雲門一寶 | 第六二則 |
| 第九九則 | 雲門鉢桶 | 第五十則 |

　　可見《宏智頌古》受《雪竇頌古》的影響。另佛果《拈八方珠玉集》序裡盛贊《雪竇拈古》獨稱冠絕❻，而雪竇隸屬雲門宗，雲門宗宗風又盛行於北宋初年，因此宏智對《雪竇頌古》的注意是可以理解的。

　　從宗派出現的次數來看，《宏智頌古》與《雪竇頌古》又有不同。

---

❻ 佛果《拈八方珠玉集》序文，圓悟克勤云：「佛鑑大禪師，予畏友也，居大相國寺智海院，日以書到夾山，敘及拈古，獨稱雪竇為冠絕，常師法之。」（本論文所用之《卍續藏》，以CBETA電子資料庫之《卍新纂續藏經》為依據。）《卍續藏》67冊，頁634a。

|  | 《宏智頌古》 | 《雪竇頌古》 |
|---|---|---|
| 曹洞宗 | 30則 | 15則 |
| 臨濟宗 | 14則 | 5則 |
| 雲門宗 | 15則 | 45則 |
| 溈仰宗 | 12則 | 8則 |
| 法眼宗 | 9則 | 3則 |

（參閱本章後附表四、五）

　　明顯的，宏智是站在弘揚曹洞宗宗旨的立場來作頌古；雪竇則是站在弘揚雲門宗宗旨的立場來作頌古。雖然各自的立場不同，也都各有所偏重，若從宗派意識來看，則雪竇的宗派意識似乎比宏智稍微強一點。

　　行秀的評唱是依據《宏智頌古》而展開，因此在思想的承繼上，難免受宏智思想影響，但是就表現上來看，則立場各有不同。這可從五家禪師語引用次數不同窺知。

|  | 行秀評唱 | 《宏智頌古》 |
|---|---|---|
| 曹洞宗 | 76次 | 30次 |
| 臨濟宗 | 78次 | 14次 |
| 雲門宗 | 28次 | 15次 |
| 溈仰宗 | 16次 | 12次 |
| 法眼宗 | 27次 | 9次 |

（參閱本章後附表一、二、三、四）

　　顯然行秀在作評唱時，有調和曹洞與臨濟兩宗之傾向；相

對的，宏智則是完全站在舉揚曹洞宗宗旨為目的。此現象可能
與行秀欲避免耶律楚材促其與臨濟、雲門鼎峙之企圖有關。❼
行秀這種調和傾向，又可從其所引五宗較具代表性人物次數得
到進一步證明。

| | 行秀評唱 | 《宏智頌古》 |
|---|---|---|
| 曹洞宗 | 洞山20次 | 6次 |
| | 曹山5次 | 2次 |
| 臨濟宗 | 臨濟15次 | 5次 |
| | 黃龍4次 | |
| | 圓悟9次 | |
| | 大慧2次 | |
| | 慧洪27次 | |
| 雲門宗 | 雲門7次 | 13次 |
| | 雪竇12次 | 2次 |
| 溈仰宗 | 溈山6次 | 5次 |
| | 仰山7次 | 8次 |
| 法眼宗 | 法眼4次 | 5次 |
| | 延壽23次 | |

（參閱本章後附表一、二、三、四）

---

❼ 耶律楚材〈評唱天童拈古請益後錄序〉云：「雪竇拈頌，佛果評唱之《擊
節》、《碧巖錄》在焉，佛果頌古，圓通善國師評唱之《覺海軒錄》在
焉，是臨濟、雲門互相發揚矣！獨洞下宗風，未聞舉唱，豈曲高和寡耶？
抑亦待其人耶？……後果有天童覺和尚拈頌，洞下宗風為古今絕唱，迨今
百年尚無評唱者，予參承餘暇，固請萬松老師評之，欲成三宗鼎峙之

　　行秀在思想的接受上與宏智不同。行秀似乎較偏愛慧洪、延壽、洞山、臨濟、雪竇五位禪師作品,因此不自覺對五位禪師的引用較多,尤其慧洪、延壽、洞山三位禪師的次數皆在二十次以上,可見行秀在思想上受此三位禪師影響亦較深。宏智雖以舉揚曹洞宗宗旨為職責,但是在思想上則似乎受雲門影響較深,反而洞山的影響不如雲門。永井政之認為《宏智頌古》最大特色在宣揚洞山宗旨❸,但從前面討論觀之,宏智在意識上或有宣揚洞山宗旨之意圖,但由於雲門宗宗風盛行於北宋初年,因此宏智在作頌時,不自覺受到雲門宗宗風的影響是可以理解的;反觀行秀作評唱時,雖然也以舉揚曹洞宗旨為職志,但由於圓融的個性❾,所以五家皆舉揚,似有融通五家禪法於一爐之意向。因此阿部肇一認為行秀有與臨濟、雲門競爭之意識,值得再商榷。

　　《從容錄》思想結構是建構於《宏智頌古》之上,而《宏智頌古》是奠基於宏智所舉揚之「默照禪」思想。就思想的開展上來看,宏智很巧妙的運用古則編排次序,暗指「默照禪」思想源自世尊,並企圖以「默照禪」來統攝六祖以下之五家禪。

　　整部《從容錄》,卷一可以說是宏智舉揚之「默照禪」思想的綱領,其餘五卷即是依此綱領,分別從不同的面向進行

---

　　勢。」,收於《湛然居士文集》卷八,四部叢刊集部65冊,台灣商務印行,頁87。
❸ 永井政之〈從容錄の成立とその展開〉,收於禪籍善本古注集成《從容錄》解題,東京,株式會社名著普及會,1980年,初版,頁665。
❾ 請參閱第二章第二節。

「默照禪」的探討。因此在思想結構分析上，僅以卷一作為進行分析之對象。

首先就其古則編排上來看，第一則至第四則是「默照禪」思想總綱。第一則「世尊陞座」，古則內容為：

舉世尊一日陞座，文殊白槌云：「諦觀法王法，法王法如是。」世尊便下座。❿

宏智頌古內容為：

一段真風見也麼，綿綿化母理機梭，織成古錦含春象，無奈東君漏泄何！⓫

行秀示眾內容為：

示眾云：「閉門打睡接上上機，顧鑑頻申，曲為中下，那堪上曲親木弄鬼眼睛，有個傍不肯底出來，也怪伊不得。」⓬

前面組織內容裡提到，「示眾」是整則公案重點提示，因此就「示眾」內容來看，行秀認為「閉門打睡是接上上機」。此

---

❿ 《從容錄》卷一，《大正藏》48冊，頁228a。

⓫ 同❿。

⓬ 同❿，頁227c-228a。

處所言「閉門打睡」即是指宏智「默照禪」所強調之坐禪。表面上看起來兀兀靜坐，猶如枯木石頭般，實際上非上上機者，難能體悟。至於「顧鑑頻申曲為中下」⑬、「那堪上曲親木弄鬼眼睛」⑭，暗指雲門與臨濟兩派之禪法，以及一些不求慎解的禪和子，雖有「默論」之功，但皆為接引中下根機者。在此行秀於意識上似乎認為曹洞宗禪法凌駕於雲門宗與臨濟宗之上。

宏智認為「世尊陞座，不垂一語便下座」，正是「一段真風」之展現，所謂「一段真風」，就是一心生萬法。行秀引宗密之言作佐證，行秀云：

儒道二教，宗於一氣，佛家者流，本乎一心。如圭峰道：「元氣亦由心之所造，皆阿賴耶識相分所攝。」萬松道：「此曹洞正宗，祖佛命脈，機紐銜於樞口，轉處幽微，綿絲吐於梭腸，用時綿密，何得與邪因無因同日而語哉！」⑮

---

⑬ 「顧鑑」是雲門宗接引學人的一種方法。依據《五家宗旨纂要》卷下云：「雲門見僧來，每以目顧之，即曰『鑑！』或曰『咦！』，而錄者曰：『顧鑑咦。』後來德山密禪師，刪去顧字，叢林目之為抽顧。」「頻申」原為獅子、大象吼叫聲，此處形容臨濟家風，棒喝齊施。所以顧鑑頻申是指雲門、臨濟兩家禪法。參閱性統《五家宗旨纂要》卷下，《卍續藏》65冊，頁281b。

⑭ 「曲親木」是指禪師說法時的座椅；「弄鬼眼睛」是指故弄玄虛，玩花樣，不切實際的荒誕行徑。因此「曲親木弄鬼眼睛」，是指一些未真正開悟者，只曉得模仿祖師接引學人時的行為，不知觀機逗教，使學人真正契入禪理之謂。

⑮ 同⑩，頁228a。

　　行秀認為宇宙萬法皆是自性清淨心之展現，而此「心生則種種法生」正是曹洞正宗所要傳遞的宗旨。曹洞正宗的宗旨是什麼？就是究明心地。因此本則，世尊陞座不垂一語，文殊卻白槌，要大眾「諦觀法王法」，此「法王法」即是心，所以宏智開頭即說：「一段真風見也麼？」由此觀之，宏智在本則只提出曹洞宗宗旨在「究明心地」而已，至於如何「究明心地」？第二則才明確提出。

　　第二則「達磨廓然」古則內容為：

　　　舉梁武帝問達磨大師：「如何是聖諦第一義？」磨云：「廓然無聖。」帝云：「對朕者誰？」磨云：「不識。」帝不契，遂渡江至少林面壁九年。❻

宏智頌古內容為：

　　　廓然無聖，來機逕庭，得非犯鼻而揮斤，失不迴頭而墮甄，寥寥冷坐少林，默默全提正令，秋清月轉霜輪，河淡斗垂夜柄，繩繩衣鉢付兒孫，從此人天成藥病。❼

行秀示眾內容為：

---

❻ 同❿，頁228b。
❼ 同❿，頁228c。

示眾云：「卞和三獻，未免遭刑，夜光投人，鮮不按劍，卒客無卒主，宜假不宜真，差珍異寶用不著，死貓兒頭拈出看。」⑱

　　宏智認為達摩在少林寺面壁九年，是在進行深層的「默照」功夫，因此以「寥寥冷坐少林，默默全提正令，秋清月轉霜輪，河淡斗垂夜柄」來形容達摩「壁觀」狀況。所謂「秋清月轉霜輪」是指默中有照的現象，「河淡斗垂夜柄」是指照中有默之現象。綜合兩句來看，行秀認為「如啞人作通事，指似向人吐露不出。」⑲換言之，在攝心靜坐，默然無語時，並非什麼事都不管，只是守默守寂。相反的，必須透過體悟現象世界的本質是空，沒有自性的當下，達到自我觀照，體證心的本質亦是空、無住的；也因為透過般若智慧的觀照，明白心的本質是空，無住的，才能真實的面對現象世界，任運自在。因此宏智非常看重「默然無語」。第四十八則「摩經不二」，宏智亦以「區區投璞兮楚庭臏士，璨璨報珠兮隋城斷蛇」讚揚維摩詰以「默然」回答文殊之問。⑳並在作評唱時，亦以相同之喻

---

⑱ 同⑩，頁228b。

⑲ 同⑩，頁229a。

⑳ 《從容錄》卷三，所載古則為：「舉維摩詰問文殊師利：『何等是菩薩入不二法門？』文殊師利曰：『如我意者，於一切法，無言無說，無示無識，離諸問答，是為入不二法門。』於是文殊師利問維摩詰言：『我等各自說已，仁者當說何等是菩薩入不二法門？』維摩默然。」《大正藏》48冊，頁257b。

——「卞和三獻，未免遭刑，夜光投人，鮮不按劍。」㉑二典故作為達摩「壁觀」九年之註腳。

由於宏智將達摩「壁觀」與其所闡揚的「默照禪」相連繫，因此讓現代學者如阿部肇一、呂澂等，皆認為宏智所提倡之「默照禪」有回歸北宗禪法的傾向。㉒關於這問題，因涉及心性問題，留待討論心性問題時再來探究。

如何在坐禪時進行默中有照，照中有默的觀行？具體方法是第三則「東印請祖」古則，二十七祖般若多羅齊對東印土國王所云：「貧道入息不居陰界，出息不涉眾緣，常轉如是經，百千萬億卷。」㉓此處所說「入息不居陰界，出息不涉眾緣」並不只限於坐禪時所用功夫，而是廣義的對心的掌握，希望透過般若智慧的觀照，使心能離卻得失勝負情量，達到無分別取捨之狀態，再以無分別取捨之心重回現象世界裡的運作。所側重的是宗門見地，於無功用處知有此事，換言之，就是天童所言：「智無功處卻存知。」㉔這也是曹洞宗宗風的特質。第

㉑ 行秀在評唱《從容錄》第四十八則時，依據《祖庭事苑》卷三，詳述「卞和三獻」及「隨（隋）侯之珠」二典故由來。請參閱《從容錄》卷三，《大正藏》48冊，頁257c-258a。以及《祖庭事苑》卷三，《卍續藏》64冊，頁344c及346a。

㉒ 阿部肇一認為，初期曹洞宗具有社會性，以北宗禪的思想在華北地區發展其教化工作，本身的宗旨，著重於復歸達摩禪的本源。至南宋初期，漸次演變成個人修行、坐禪為中心，而與世俗社會漸形疏遠。見阿部肇一著，關世謙譯《中國禪宗史》，頁777。呂澂認為正覺「默照禪」即主張靜坐看心，見呂澂《中國佛學思想概論》，頁285。

㉓ 同⑩，頁229a。

㉔ 同⑲。天童上堂云：「一點環中照極微，智無功處卻存知，緣思淨盡無餘事，半夜星河斗柄垂。」

十一則「雲門兩病」，行秀論及曹洞宗宗風為：

　　爾但出不隨應，入不居空，外不尋枝，內不住定。❷

　　「入不居空」、「內不住定」與般若多羅齊所說「入息不居陰界」意思相通；「出不隨應」、「外不尋枝」亦與般若多羅齊所云：「出息不涉眾緣」相通。簡言之，外不被幻境幻心所惑，內不執聖境，是第三則所要闡明之意旨，亦是曹洞宗觀行之主張。透過此觀行之訓練，才有可能重回現象世界中任運自在，隨處作主。這也是第四則「世尊指地」所要傳遞的宗旨。

　　綜觀上述論述，與其說宏智所倡導的「默照禪」禪法是重視坐禪，勿寧說宏智更看重「默然無語」。這可從卷一第五則以下十二則古則所呈現之意旨再得到證明。這十二則公案，取材自不同宗派，所展現的宗風亦各異，宏智卻巧妙的以「默然無語」將它們連繫起來，並統攝於「默照禪」之下。例如第六則「馬祖白黑」、第八則「百丈野狐」、第九則「南泉斬貓」、第十則「台山婆子」、第十二則「地藏種田」、第十三則「臨際瞎驢」、第十四則「廓侍過茶」、第十五則「仰山插鍬」、第十六則「麻谷振錫」皆不是在坐禪中傳送「默然無語」之旨，反而是在日用應緣中展開。因此宏智「默照禪」強調的不只是「默坐」，而是更積極的從言說、文字、妄想中

---

❷ 同❿。頁234b。

去體現。魏道儒認為宏智「默照禪」是將「語」與「默」，「動」與「靜」完全割裂開來。❿這種將宏智禪境的體驗拘限在「靜坐默究」值得商榷。

　　從前面思想結構之分析來看，《從容錄》會成為曹洞宗修禪入門教科書，應有其脈絡可循。

# 第三節　典籍引用之分析

　　從上一節《從容錄》思想結構來看，知道行秀禪學思想是奠基於宏智所闡揚的「默照禪」思想上。若從宗派的引用上來看，顯然行秀與宏智又有不同。換言之，思想的基本結構是相同，但是由於個人成長背景因素的不同，遂在思想的展現上也有一些差異。為了能更明確掌握行秀禪學思想內容，此節就針對《從容錄》所引用典籍之狀況作分析探討。

　　《從容錄》對典籍的引用，大致可分為：一、經論引用，二、禪宗典籍引用，三、外典引用三部分。

## 一、經論引用之分析

　　《從容錄》引用經論計有五十二種，大、小乘經論皆有。詳細情形如下表：

---

❿魏道儒《宋代禪宗文化》，鄭州：新華書店，1993年第一版，頁147-148。

| 經名 | 次數 | 百分比（%） |
|---|---|---|
| 楞嚴經 | 20 | 11.5 |
| 法華經 | 19 | 10.9 |
| 維摩詰經 | 12 | 6.9 |
| 肇論 | 11 | 6.3 |
| 華嚴經 | 10 | 5.7 |
| 大智度論 | 7 | 4.0 |
| 圓覺經 | 7 | 4.0 |
| 圓覺經略疏 | 7 | 4.0 |
| 寶藏論 | 7 | 4.0 |
| 涅槃經 | 6 | 3.4 |
| 華嚴經玄談 | 6 | 3.4 |
| 摩訶止觀 | 5 | 2.9 |
| 肇註維摩經 | 4 | 2.3 |
| 俱舍論 | 4 | 2.3 |
| 華嚴經疏演義鈔 | 3 | 1.7 |
| 楞伽經 | 3 | 1.7 |
| 金剛經 | 2 | 1.1 |
| 金光明經 | 2 | 1.1 |
| 金剛經注解 | 2 | 1.1 |
| 華嚴經疏 | 2 | 1.1 |
| 華嚴經行願品疏鈔 | 2 | 1.1 |
| 首楞嚴義疏注 | 2 | 1.1 |
| 原人論 | 2 | 1.1 |
| 唯心訣 | 2 | 1.1 |

| 雜阿含經 | 1 | 0.6 |
|---|---|---|
| 增一阿含經 | 1 | 0.6 |
| 樓炭經 | 1 | 0.6 |
| 那先比丘經 | 1 | 0.6 |
| 瑞應本起經 | 1 | 0.6 |
| 佛遺教經 | 1 | 0.6 |
| 梵網經 | 1 | 0.6 |
| 勝鬘經 | 1 | 0.6 |
| 賢愚因緣經 | 1 | 0.6 |
| 阿育王經 | 1 | 0.6 |
| 金剛三昧經 | 1 | 0.6 |
| 仁王般若經 | 1 | 0.6 |
| 大報恩經 | 1 | 0.6 |
| 法句經 | 1 | 0.6 |
| 心地觀經 | 1 | 0.6 |
| 攝大乘論 | 1 | 0.6 |
| 金剛般若論 | 1 | 0.6 |
| 金剛經解義（六祖口訣） | 1 | 0.6 |
| 金剛經疏論纂要 | 1 | 0.6 |
| 華嚴經行願品疏 | 1 | 0.6 |
| 圓覺經略疏鈔 | 1 | 0.6 |
| 六妙法門 | 1 | 0.6 |
| 法華玄義釋籤 | 1 | 0.6 |
| 華嚴經義海百門 | 1 | 0.6 |

| 答皇太子心要 | 1 | 0.6 |
|---|---|---|
| 華嚴合論 | 1 | 0.6 |
| 原人論解 | 1 | 0.6 |
| **總計** | **174** | **100** |

　　從上表可以知道，若從經典的性質來看，大約可分為兩種：（一）般若系經典，（二）如來藏系經典；若就論疏作者來看，具代表性的有僧肇、澄觀、宗密、智者四位，而此四位，除僧肇外，餘三位分屬華嚴宗與天台宗。此處就從經典的性質及論疏作者二方面進行探討。

　　首先就經論性質來看，引自般若系經典計有《維摩詰經》十二次，《金剛經》二次，《金光明經》二次，《仁王般若經》一次；如來藏系經典計有《楞嚴經》二十次，《涅槃經》八次，《圓覺經》七次，《楞伽經》三次，《勝鬘經》一次，《金剛三昧經》一次。除上述屬性明確經典外，尚有《華嚴經》與《法華經》亦占相當分量。

　　上述經典，從引用比率來看，般若系經典，總計引用十七次，占總經論百分之九點八；如來藏系經典，總計引用四十次，占總經論百分之二十三。換言之，行秀所引經典，有四分之一屬如來藏系，般若系經典占不到十分之一。可見行秀禪學思想裡，含有濃厚的如來藏思想。

　　另就引用次數來看，《楞嚴經》明顯已取代《金剛經》在禪宗思想史的地位。有趣的是《法華經》在引用上，幾乎與《楞嚴經》並駕其驅，反而《華嚴經》引用次數不如《法華

經》，這與行秀傳記所云：「恒業華嚴」❷似乎相違。關於這問題，可以從行秀引《法華經》所處理的問題上來看。行秀對《法華經》的引用，主要是取其譬喻中之貧子喻、衣珠喻、髻中珠來強調佛性本有，不假修持之思想❷，同時對《法華經》一乘思想提出批評。第二十六則行秀云：

> 《法華經》云：「純一無雜具足清白梵行之相。」說者以謂：「白是眾色之本，一乘是諸乘之源。」而不說：「白色向上更有事在。」❷

行秀認為，本分宗師，臨機遇物，借題發揮，主要是為了發明空劫以前一段大事。換言之，雖在聖境，不作聖解才算是真正得到「宗旨血脈」之人，因此他進一步說：

> 大用無方會，見向一色邊，不得色邊會，以為宗旨血脈。❸

可見行秀是站在宗門的立場，接受《法華經》佛性本有的

---

❷ 《五燈會元續略》卷一，《卍續藏》80冊，頁456b。
❷ 《從容錄》卷二，第32則「仰山心境」，頁249a-b；卷四，第56則「密師白兔」，頁262c；卷六，第93則「魯祖不會」頁287c，第97則「光帝幞頭」，頁290c。《大正藏》48冊。
❷ 《從容錄》卷二，《大正藏》48冊，頁244a。
❸ 同❷，頁244b。

思想，並對會三歸一之一乘思想提出批評。

　　行秀對《華嚴經》的引用，可以以第六十七則作為代表。
第六十七則是以《華嚴經》教義作為主題的一則公案。行秀在
作評唱時，其重點並不在論述其對《華嚴經》的理解，而是借
華嚴宗師對此段經文的詮釋以及報慈與僧之間的問答，作為闡
明如來禪與祖師禪之間的差異處。[31]因此行秀是站在宗門的立
場來理解《華嚴經》，而不是透過華嚴宗師的觀點來理解《華
嚴經》。木村清孝認為行秀對《華嚴經》的理解基礎，是一種
混雜的澄觀思想，有進一步討論的必要。[32]

　　忽滑谷快天云：「行秀主要教說是『真妄不二，事理雙
照』。」[33]其理論根據是什麼？忽滑谷快天沒有進一步說明。
依據第七十四則，行秀認為以「無住本立一切法」是屬於本
分事，若以「真妄融即」則屬於現象世界中「形」與「名」之
事。[34]因此他舉《華嚴經·普賢行願品》「普眼不見普賢，見
與不見俱普賢也，若不見處無，不名普也。」以及〈入法界
品〉「善財詣彌勒，樓閣門開處，一一皆有彌勒。」來證明

---

[31] 《從容錄》卷五，《大正藏》48冊，頁269a-b。

[32] 木村清孝〈萬松行秀的禪世界──萬松行秀與華嚴思想的關係〉，收於
《中國文化》第6期，1992年9月，頁76。

[33] 忽滑谷快天《禪學思想史》下冊，東京：玄黃社，1925年，初版，頁
422。

[34] 行秀對神會在《顯宗記》中說：「自世尊滅後，西天二十八祖，共傳無住
之心。」解釋云：「此無住本即以本分事名無住也，若以真妄融即，一有
多種，二無兩般（中略）雪竇拈起拄杖云：『大眾！拄杖是形名雙舉。』
形即無形，名即無名。」《從容錄》卷五，《大正藏》48冊，頁274a。

「無住本立一切法」之思想。❸事實上，見與不見，能見與所見是《楞嚴經》探討的重要命題之一。行秀於第十七則引《楞嚴經》卷二所云：「見及見緣，元是菩提妙淨明體。」❸作為「無住本立一切法」之思想依據，進而於第三十二則引同經卷九所云：「欲超煩惱濁，需以『融通妄想』為其本。」❸作為其「真妄不二」之理論根據。由此可見，《楞嚴經》才是行秀禪學思想的理論依據，至於其他經典，如《華嚴經》、《法華經》等，只是行秀借來強化思想論證而已。因此傳記上說他「恒業華嚴」值得商榷。另方面也顯示，《楞嚴經》對後期禪宗思想的影響及重要性。

---

❸ 《從容錄》卷五，所引〈入法界品〉云：「時彌勒菩薩前詣樓閣，彈指出聲，其門即開，命善財入，乃至悉見三千大千世界，百億四天下兜率陀天，一一皆有彌勒。」《大正藏》48冊，頁274b。出處為《華嚴經》〈入法界品〉卷七十九，原文為：「時彌勒菩薩前詣樓閣，彈指出聲，其門即開，命善財入，善財心喜，入已還閉，見其樓閣，廣博無量，同於虛空。（中略）又復於彼莊嚴藏內諸樓閣中，見一樓閣高廣嚴飾，最上無比，於中悉見三千大千世界，百億四天下，百億兜率陀天，一一皆有彌勒菩薩。」《大正藏》10冊，頁435a。

❸ 《從容錄》卷二，所引《楞嚴經》云：「於其自住三摩地中，見與見緣並所想相，如虛空花，本無所有。此見及緣，元是菩提妙淨明體，云何於中有是非是。」《大正藏》48冊，頁238b。考其原文出於《楞嚴經》卷二，《大正藏》19冊，頁112b。《從容錄》第三十二則，行秀亦引《楞嚴經》相同見解詮釋雲門所謂：「人人盡有光明在，看時不見暗昏昏」以及「虛空包不盡，大地載不起。」《大正藏》48冊，頁248a。

❸ 《從容錄》卷二，所引《楞嚴經》云：「若動念盡，浮想銷除，於覺明心，如去塵垢，一倫生死，首尾圓照，名想陰盡，是人則能超煩惱濁，觀其所由，融通妄想以為其本。」《大正藏》48冊，頁248c。考其原文出於《楞嚴經》卷九，《大正藏》19冊，頁149b。

其次從論疏作者來看，行秀所引重要作者及其作品如下表：

| 作者 | 書名 | 次數 | 百分比（%） |
|---|---|---|---|
| 僧肇 | 肇論 | 11 | 41.5 |
| | 寶藏論 | 7 | |
| | 肇注維摩經 | 4 | |
| 智者 | 摩訶止觀 | 5 | 11.3 |
| | 六妙法門 | 1 | |
| 澄觀 | 華嚴經疏 | 2 | 24.5 |
| | 華嚴經疏演義鈔 | 3 | |
| | 華嚴經玄談 | 6 | |
| | 華嚴經行願品疏 | 1 | |
| | 答皇太子心要 | 1 | |
| 宗密 | 華嚴經行願品疏鈔 | 2 | 22.7 |
| | 圓覺經略疏 | 7 | |
| | 圓覺經略疏鈔 | 1 | |
| | 原人論 | 2 | |

從個人著作引用表來看，依其引用次數，依序為僧肇二十二次，澄觀十三次，宗密十二次，智者六次。僧肇被引用次數高居其他人，理由是《寶藏論》「徹見離微」及《肇論》「般若無知，靡所不知」是宏智「默照禪」思想的理論

根據。❸第九十一則，行秀亦指出宏智頌「照徹離微造化根，紛紛出沒見其門。」出處即是僧肇《寶藏論・離微體妙品》。考其論中所云：「其出微，其入離，知入離，外塵無所依，知出微，內心無所為。內心無所為，諸見不能移，外塵無所依，萬有不能羈。」❸與第十一則行秀所宣說的洞上宗風：「靜沉死水，動落今時，名二種病。爾但出不隨應，入不居空，外不尋枝，內不住定」相契合。因此，行秀喜讀僧肇作品，且深受其影響是可以理解的。

從統計數字上來看，行秀除喜讀僧肇著作外，對澄觀與宗密二師的著作亦有偏好。宗密曾大量著解澄觀作品，因此在引用二者作品時，難免會產生混淆。例如第六十七則，行秀評唱中所引述《華嚴大疏》、《普賢行願疏》中之文句，即引起現代學者不同討論。永井政之與《國譯一切經》之註釋則認為《華嚴大疏》是指《華嚴玄談》，《普賢行願疏》未見其本❹，木村清孝則認為《華嚴大疏》是指《華嚴經疏》，《普

---

❸ 宏智〈默照銘〉「默照之道，離微之根，徹見離微，金梭玉機。」收錄於《宏智正覺禪師廣錄》卷八，《大正藏》48冊，頁100b。原文出處是《寶藏論・離微體妙品》，《大正藏》45冊，頁145c。《從容錄》卷一，第二則「達磨廓然」，行秀引天童上堂云：「一點環中照極微，智無功處卻存知，緣思淨盡無餘事，半夜星河斗柄垂。」作為「默照」之照字，因此知道《肇論》「般若無知，靡所不知」亦是「默照禪」思想的理論根據。《大正藏》48冊，頁229a。石井修道《宋代禪宗史の研究》，頁352註釋6亦云，宏智「默照禪」受《肇論》及《寶藏論》影響。

❸ 《從容錄》卷六，《大正藏》48冊，頁286b。

❹ 櫻井秀雄監修，永井政之編輯《從容錄》，東京，株式會社名著普及會，1981年，初版，頁114下；《國譯一切經》諸宗部六，頁147，註5。

賢行願疏》是指《普賢行願品疏》❹。若分別就行秀所引疏文
內容來看，「開因性」一詞是源自於《華嚴經疏鈔玄談》卷
二「九開因性」❷，而「開物性源」一詞之出處則是引自《普
賢行願品疏》卷一❸，清涼《大疏》引文：「眾生包性德而為
體，攬智海以為源，但相變體殊，情生智隔，今令知心合體，
達本妄情，故談斯經而為顯示。」❹其出處則是《華嚴經疏》
卷一❺，若將這些引文合併來看，則發現行秀這些引文是引述
自宗密《華嚴經行願品疏鈔》❻，且是一字不漏，整段移植。
第九十三則亦有類似情形❼，可見行秀有時是透過宗密來理解
澄觀思想。嚴格說起來，澄觀並未直接影響行秀思想，至於在
第四十九則行秀引澄觀「理圓言偏，言生理喪」這句話，其實
主要是用來詮釋其「理事雙照」思想。❽至於宗密，行秀雖常

---

❹ 同❸。
❷ 《華嚴經疏鈔玄談》卷二，《卍續藏》5冊，頁712b。
❸ 《華嚴經行願品疏》卷一，《卍續藏》5冊，頁49c。
❹ 《從容錄》卷五，《大正藏》48冊，頁269a。
❺ 《華嚴經疏》卷一，《大正藏》35冊，頁504c。
❻ 《華嚴經行願品疏鈔》卷二，《卍續藏》5冊，頁240b-c。
❼ 行秀引《楞伽經》、《勝鬘經》之文句來詮釋「如來藏」之意涵。結果發
　現行秀所引原文之出處是宗密《圓覺經略疏》之註文，非《楞伽經》與
　《勝鬘經》之原文。可將《楞伽經》，《大正藏》16冊，頁519a；《勝鬘
　經》，《大正藏》12冊，頁221c；《圓覺經略疏》，《卍續藏》9冊，頁
　796b；《從容錄》卷六，《大正藏》48冊，頁287b排列比對即知。
❽ 《從容錄》卷三，行秀評論雲巖知有也無，最後引「華嚴宗謂：『理圓
　言偏，言生理喪。』此乃重玄復妙，兼帶叶通，不偏枯，無滲漏底血脈
　也。」作結論。《大正藏》48冊，頁258b。以及同卷第四十則「雲門白
　黑」行秀對「理事雙照」作評唱時亦云：「天童偏圓猶事理也，觀國師
　云：『理圓言偏，言生理喪。』」頁253c，得知。

借用其作品來詮釋其禪法，但是看不出具體思想影響。智者情
況亦同。

　　綜觀上面的論述，除僧肇對行秀思想有直接影響外，澄
觀與宗密對行秀的影響，並非其所隸屬的華嚴宗思想。真確的
說，行秀是站在宗門的立場來妄受澄觀與宗密的論點，進而作
為強化其禪學思想的理論根據。

## 二、禪籍引用之分析

　　《從容錄》對禪籍的引用，可分為四部，即（一）語錄，
（二）燈錄，（三）雜集類，（四）出處不詳。此四部分，對
行秀禪學思想有影響，應該是禪師個人著作。因此，此處僅就
語錄部分作分析討論。

　　行秀對語錄的引用，計有三十一種，其中亦包涵禪師個人
作品。詳見下表：

| 引用書名 | 次數 | 百分比（％） |
|---|---|---|
| 宗鏡錄 | 21 | 17.7 |
| 明覺語錄 | 12 | 10.1 |
| 證道歌 | 10 | 8.5 |
| 宏智廣錄 | 10 | 8.5 |
| 臨濟語錄 | 8 | 6.8 |
| 信心銘 | 7 | 5.9 |
| 玄中銘 | 6 | 5.1 |
| 雲門廣錄 | 6 | 5.1 |

| 文字禪 | 4 | 3.4 |
|---|---|---|
| 圓悟語錄 | 4 | 3.4 |
| 十玄談 | 4 | 3.4 |
| 佛果擊節 | 3 | 2.5 |
| 壇經 | 2 | 1.7 |
| 臨濟廣錄 | 2 | 1.7 |
| 唯心訣 | 2 | 1.7 |
| 龍牙和尚頌 | 2 | 1.7 |
| 永嘉集 | 1 | 0.8 |
| 百丈廣錄 | 1 | 0.8 |
| 龐居士語錄 | 1 | 0.8 |
| 註溈山警策 | 1 | 0.8 |
| 趙州語錄 | 1 | 0.8 |
| 參同契 | 1 | 0.8 |
| 草庵歌 | 1 | 0.8 |
| 大慧語錄 | 1 | 0.8 |
| 圓悟心要 | 1 | 0.8 |
| 誌公大乘讚文 | 1 | 0.8 |
| 心王銘 | 1 | 0.8 |
| 顯宗記 | 1 | 0.8 |
| 坐禪箴 | 1 | 0.8 |
| 翫珠吟 | 1 | 0.8 |
| 心珠歌 | 1 | 0.8 |
| 禪源諸詮集都序 | 1 | 0.8 |
| **總計** | **119** | **100** |

　　上表所列之禪籍，《臨濟廣語》、《十玄談》、《誌公大乘讚文》、《草庵歌》、《龍牙和尚頌》、《心王銘》、《顯宗記》、《坐禪箴語》、《翫珠吟》、《心珠歌》分別收錄於《景德傳燈錄》卷廿八、廿九、三十。僧璨《信心銘》、玄覺《證道歌》、《永嘉集》、石頭《參同契》、洞山《寶鏡三昧》是宋代禪宗，臨濟宗與曹洞宗二家日常諷誦之讀物，連小沙彌也知道這些書名❹。《明覺語錄》、《雲門廣錄》為宋代禪門必讀教科書❺。從引用次數來看，《宗鏡錄》、《宏智廣錄》、《臨濟語錄》、亦是行秀喜愛讀誦的禪宗典籍。尤其是《宗鏡錄》，引用次數高達二十一次，居所有語錄之冠。

　　依據石井修道《宋代禪宗史の研究》云，宏智「默照禪」之「照」字的理論依據是三祖《信心銘》中之「虛明自照，不勞心力，非思量處，識情難測。」因此其論斷「默照禪」的理論依據，除《肇論》及《寶藏論》外，實際立足點是《信心銘》❺。行秀引用《信心銘》計有六處，即第三則、第十一則、第十七則、第二十七則、第二十八則、第四十八則及第六十七則。在這六則中，行秀所要強調的是人與萬物合為一體，心境融通，境智合一的聖人境界。例如第六十七則，行秀在討論人與空間的關係時即云：

---

❹ 神保如天〈證道歌解題〉，《國譯一切經》諸宗部六，頁7。
❺ 《祖庭事苑》序云：「曩游叢林，竊見大宗師陞堂入室之外，復許學者記誦，所謂雲門、雪竇諸家禪錄出，眾舉之而為演說其緣，謂之請益。」《卍續藏》64冊，頁313a。
❺ 石井修道《宋代禪宗史の研究》第四章第二節「默照禪の確立」，東京：大東出版社，1987年，初版，頁336及頁352註釋6。

　　萬松常舉《信心銘》「極小同大，妄絕境界，極大
同小，不見邊表。」或有人問：「世間何物最大？」
當曰：「真空。」何以故？極大同小，不見邊表故。
或有人問：「世間何物最小？」當曰：「真空。」何
以故？極小同大，妄絕境界故。❺❷

　　可見行秀對《信心銘》的運用與宏智強調「虛明自照」之
「照」字不同。

　　行秀對《證道歌》、《永嘉集》、《宗鏡錄》之運用，亦是
立足於「心境融通」、「境智合一」之立場，從不同面向來探討
問題。例如第四十五則，行秀引《證道歌》「放四大莫把捉，
寂滅性中隨飲啄，諸行無常一切空，即是如來大圓覺。」❺❸來
說明如何面對妄心或妄境，第三十一則引《宗鏡錄》卷三十二
「高低嶽瀆，共轉根本法輪，大小鱗毛，普現色身三昧。」❺❹
及卷十六「劬尸羅長者，覩三尺而無盡，無邊身菩薩，窮上界
而有餘。」❺❺來說明「心境融通」的現象。對於如何達到「境
智合一」這命題，行秀則引《永嘉集、奢摩他頌第四》云：
「今言知者，不須知知，但知而已，則前不接滅，後不引起，

---

❺❷ 《從容錄》卷五，《大正藏》48冊，頁269b。
❺❸ 《從容錄》卷五，《大正藏》48冊，頁256b。原文出處為《永嘉證道
　　歌》，《大正藏》48冊，頁395c。
❺❹ 《從容錄》卷二，《大正藏》48冊，頁248b。原文出處為《宗鏡錄》卷
　　三十二，《大正藏》48冊，頁601b。
❺❺ 同❺❹。原文出處為《宗鏡錄》卷十六，《大正藏》48冊，頁501a。

前後斷續，中間自孤。」❺❻來論證。而此「知有」亦是《宗鏡錄》「理行俱圓」❺❼之主張，也是曹洞宗宗風之宗旨。

影響行秀禪學思想的禪籍，除上述《信心銘》、《證道歌》、《永嘉集》、《宗鏡錄》外，還有洞山《玄中銘》。行秀借《玄中銘》「無住」之思想，於第十一則、第二十八則、第六十七則、第七十三則四則中，傳遞其「不住聖境」之主張。而此「無住」之思想，正是行秀教說中「真妄不二」之理論依據。

綜觀上述之討論，行秀對禪籍之引用，主要是立足於「心境融通」、「境智合一」之立場，進而為其「真妄不二，理事雙照」之主張，提出思想依據。

## 三、外典引用之分析

《從容錄》引用外典計有三十一種，經、史、子、集皆有，所涉範圍，儒、道兩家兼俱。詳見下表：

| 引用書名 | 次數 | 百分比（％） |
|---|---|---|
| 莊子 | 22 | 15.7 |
| 論語 | 19 | 13.6 |

---

❺❻ 《永嘉集》，《大正藏》48冊，頁389c；《從容錄》卷三，第四十八則，《大正藏》48冊，頁257c。

❺❼ 《從容錄》卷四，第六十六則行秀評唱云：「《宗鏡錄》曰：『入吾宗先須知有，然後保任。』又曰：『頭尾須得相稱，不可理行有闕，心口相違，若入宗鏡，理行俱圓。』」《大正藏》48冊，頁268b。原文出處為《宗鏡錄》卷四十，《大正藏》48冊，頁653c-654b。

| | | |
|---|---|---|
| 周易註疏 | 17 | 12.1 |
| 老子 | 13 | 9.3 |
| 史記 | 9 | 6.4 |
| 孟子 | 6 | 4.3 |
| 列子 | 5 | 3.6 |
| 後漢書 | 5 | 3.6 |
| 毛詩註疏 | 3 | 2.2 |
| 荀子 | 3 | 2.2 |
| 前漢書 | 3 | 2.2 |
| 寒山詩集 | 3 | 2.2 |
| 冷齋夜話 | 3 | 2.2 |
| 東坡詩集註 | 3 | 2.2 |
| 爾雅註疏 | 2 | 1.4 |
| 周易略例 | 2 | 1.4 |
| 楚辭 | 2 | 1.4 |
| 通鑑記事本末 | 2 | 1.4 |
| 太平廣記 | 2 | 1.4 |
| 述異記 | 2 | 1.4 |
| 初學記 | 2 | 1.4 |
| 蒙求 | 2 | 1.4 |
| 九家集註杜詩 | 2 | 1.4 |
| 尚書註疏 | 1 | 0.7 |
| 家語 | 1 | 0.7 |
| 列女傳 | 1 | 0.7 |
| 說苑 | 1 | 0.7 |

| 晉書 | 1 | 0.7 |
|---|---|---|
| 駱丞集 | 1 | 0.7 |
| 李太白文集 | 1 | 0.7 |
| 瀛奎律髓 | 1 | 0.7 |
| 總計 | **140** | **100** |

　　從上表顯示，行秀正如傳記上所云：「於孔老莊周，百家之學無不俱通。」❺若就引用次數來看，《莊子》、《論語》、《周易》、《老子》皆在十次以上。其中《莊子》與《老子》所用的詞彙，常被宏智借用，因此現代學者，如魏道儒即認為宏智「默照禪」所倡導的修養方式與《莊子》的「坐忘」、「齊物」、「心齋」之說相通。❺至於行秀本身又如何看待諸子百家之學呢？事實上，從行秀在《從容錄》裡所引用之外典，大部分是對宏智頌中所引用之外典典故作進一步陳述與發揮，嚴格說起來，不能視為其禪學思想的一部分，只能表現其博學。行秀本人亦認為，此種借喻說禪方式，只是一種繞路說禪，借路經過，方便措施而已。例如第七十六則，行秀對宏智頌中「得珠罔象兮至道綿綿，游刃亡牛兮赤心片片」這兩句話，評為：

---

❺ 同❷。

❺ 魏道儒《宋代禪宗文化》云：「莊子主張通過端坐而達到渾忘一切物我和是非差別的精神境界；默照禪也是通過『默照』達到精神上超脫生死和主客的對立，因此這兩種精神境界確有相通之處。另外宏智的『休歇』、『空心』之說，與莊子的『心齋』，皆是主張排除思慮和任何欲望，因此亦有相通處。」，鄭州：新華書店，1993年，第一版，頁151。

今人見天童用《莊子》，便將老莊雷同至道，殊不知，古人借路經過，暫時光景耳。忽有箇出來道：「莊子豈不知首山行履處？」但向道：「月落三更穿市過，是外篇？是內篇？」⑩

因為，上句「罔象得珠」出處是《莊子》外篇之〈天地章〉，下句「庖丁解牛」出處是《莊子》內篇之〈養生主〉，此二句皆是宏智借來說明「無心」、「無念」之境，因此行秀認為是借路經過，繞路說禪，並非將老、莊雷同至道。又如第七十七則，行秀評宏智頌中「道環之虛靡盈」這句話時云：此是宏智借頌「圓相托呈勢」。空印之字，雖十字改卍字，其實非世間文字可執。⑪可見「道環」二字雖出《莊子、齊物論》「樞始得其環中，以應無窮。」⑫實是借以說明「人境俱亡」，「境智冥一」之狀況。

此種借路經過，繞路說禪方式，亦表現在《周易》之引用上。例如第五十一則，行秀評宏智頌中「結繩畫卦有許事，喪盡真淳盤古心」二句時云：

萬松道：盤古初分天地，已成對待，結繩畫卦，轉喪真淳，釋迦未出世，祖師不西來，還有真諦、俗

---

⑩ 《從容錄》卷五，《大正藏》48冊，頁275c。
⑪ 同⑩，頁276c-277a。
⑫ 《莊子、齊物論》，《四庫全書、子部362》，1056冊，頁12下。

諦、世法、佛法麼？❸

此處「盤古初分天地」是表示已存有世法、佛法對待之概念，「結繩畫卦」是表示已存有真諦、俗諦對立之理念。因為人有此對立之概念，因此有迷悟之分，若能打破此對立之概念，則那有迷悟可言。此正是《宗鏡錄》所云：「從來迷悟似迷，今日悟迷非悟。」❹可見行秀對儒、道二家用語之運用，只是借喻說禪，若因此就說行秀禪學含有三教合一之思想，則有待商榷。

---

❸ 《從容錄》卷三，《大正藏》48冊，頁259c。
❹ 《從容錄》卷二，《大正藏》48冊，頁240b。原文出處為《宗鏡錄》卷二十，《大正藏》48冊，頁523c。

# 【附表一】曹洞宗法系圖

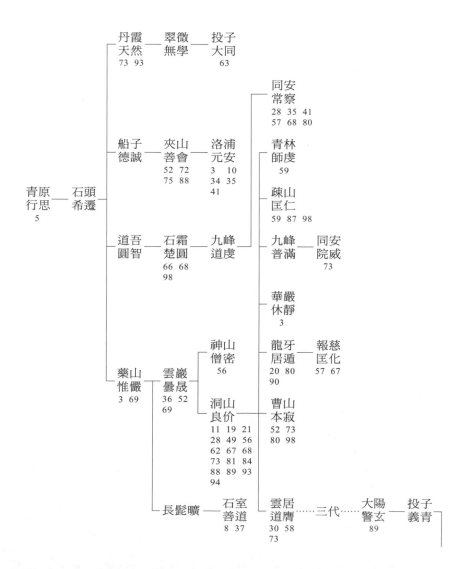

丹霞　　翠微　　投子
天然　　無學　　大同
73 93　　　　　　63

　　　　　　　　　　　　　　　　同安
　　　　　　　　　　　　　　　　常察
　　　　　　　　　　　　　　　　28 35 41
　　　　　　　　　　　　　　　　57 68 80

船子　　夾山　　洛浦　　青林
德誠　　善會　　元安　　師虔
　　　　52 72　　3　10　　59
　　　　75 88　　34 35
　　　　　　　　41　　　疎山
　　　　　　　　　　　　匡仁
　　　　　　　　　　　　59 87 98

青原　　石頭
行思　　希遷　道吾　　石霜　　九峰　　九峰　　同安
5　　　　　圓智　　楚圓　　道虔　　普滿　　院威
　　　　　　　　66 68　　　　　　　　　　　73
　　　　　　　　98

　　　　　　　　　　　　　　　　華嚴
　　　　　　　　　　　　　　　　休靜
　　　　　　　　　　　　　　　　3

　　　　　　　　　神山　　龍牙　　報慈
　　　　　　　　　僧密　　居遁　　匡化
　　　　　　　　　56　　　20 80　　57 67
　　　　藥山　　雲巖　　　　90
　　　　惟儼　　曇晟
　　　　3 69　　36 52　洞山　　曹山
　　　　　　　　69　　　良价　　本寂
　　　　　　　　　　　　11 19 21　52 73
　　　　　　　　　　　　28 49 56　80 98
　　　　　　　　　　　　62 67 68
　　　　　　　　　　　　73 81 84
　　　　　　　　　　　　88 89 93
　　　　　　　　　　　　94

　　　　　　　　　　長髭曠　　石室　　雲居……三代……大陽　　投子
　　　　　　　　　　　　　　善道　　道膺　　　　　　警玄　　義青
　　　　　　　　　　　　　　8 37　　30 58　　　　　89
　　　　　　　　　　　　　　　　　　73

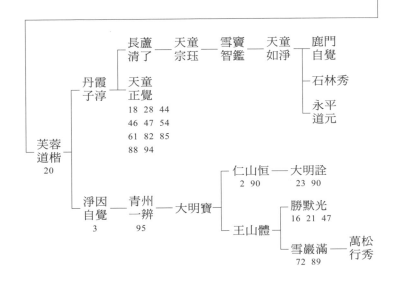

【註1】：表中人名下的數字，代表在《從容錄》中出現的則數。下三表亦
同。

【註2】：淨因自覺是芙蓉楷弟子，鹿門自覺是天童如淨弟子，二者相差一百
年多年，《五燈會元續略》將青州一辨誤認為鹿門自覺弟子，特此
更正。而行秀在《從容錄》第三則所引鹿門語，出自《五燈會元續
略》卷一如淨弟子鹿門自覺語。只是筆者懷疑行秀長鹿門自覺五十
餘歲，且一個在南方，一個在北方異族統治下，行秀所指鹿門是否
指淨因自覺，因為淨因自覺曾遷往鹿門，是否因此讓《五燈會元續
略》作者產生混淆？因此在上表引語出處改成淨因自覺。

# 【附表二】臨濟宗、溈仰宗法系圖

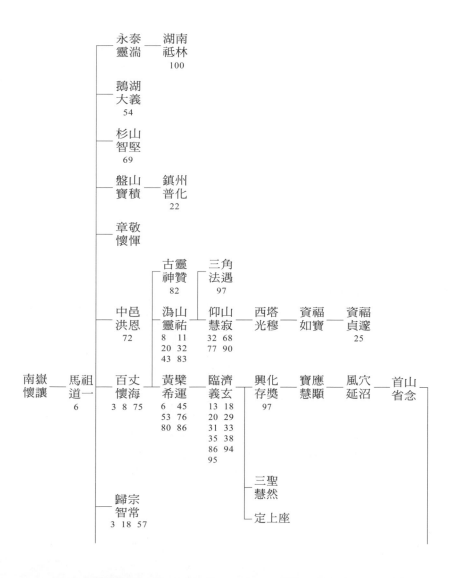

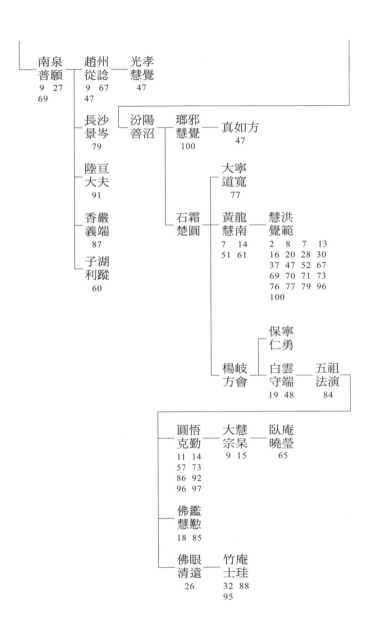

# 【附表三】雲門宗、法眼宗法系圖

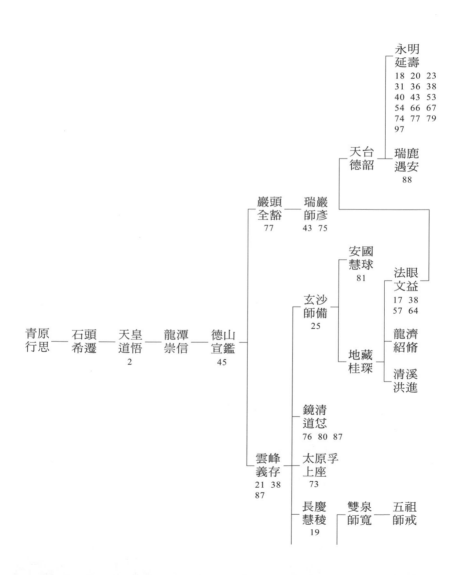

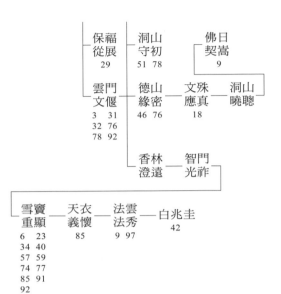

# 【附表四】神保如天製《從容錄》法系圖

釋尊 ——— 迦葉 ……… 二十四代 …… 不如蜜多 — 般若多羅 — 菩提達磨 ┐
1 4                                                 3            2

…… 四代 ……… 六祖慧能　中邑洪恩　長慶大安 — 大隨法真　資福如寶
　　　　　　　　　　　　　72　　　　　　　　　　30　　　　25

南嶽懷讓 — 馬祖道一　百丈懷海　溈山靈祐 — 仰山慧寂 — 西塔光穆
　　　　　6 36　　　8 6　　15 37 60　15 26 32
　　　　　　　　　　　　　　 83 87　　37 62 72
　　　　　　　　　　　　　　　　　　 77 90

南陽慧忠 — 耽源應真　麻谷寶徹　黃蘗希運　米胡　　　風穴延沼
42 85　　　85　　　16　　　53 86　　62　　　29 34

青原行思 — 肅宗帝　　魯祖寶雲　臨濟義玄 — 劉鐵磨　首山省念
5　　　　　85　　　23 93　　13 38 80　60　　　65 76
　　　　　　　　　　　　　　 86 95

石頭希遷 — 代宗帝　　鹽官齊安　興化存獎 — 寶應慧顒　汾陽善昭
　　　　　　　　　　　25　　　97

藥山惟儼 — 丹霞天然　章敬懷惲　三聖慧然　瑯琊慧覺 — 長水子璿
7　　　　　　　　　16　　　13 33　　100

雲巖曇晟 — 翠微無學　大海法常 — 天龍 ——— 俱胝
21 54　　　80　　　　　　　　　　　84

神山僧密 — 投子大同　歸宗智常 — 高安大愚
56　　　　63　　　　　　　86

洞山良价 — 道吾圓智　西堂智藏　長沙景岑
22 49 56　21 84 83　6　　　79
89 94 96

曹山本寂 — 石霜慶諸　南泉普願　趙州從諗 — 嚴陽善信
52 73　　　68 89 96　9 23 16　9 10 18 39　57
　　　　　　　　　　69 91 93　47 57 63

龍牙居遁　九峰道虔　洛浦元安　陸亘大夫
80　　　　66 96　　35 41　　91

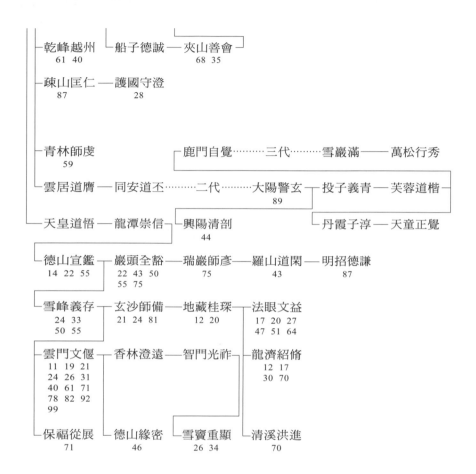

# 第四章　行秀的心性思想

　　行秀的心性思想是什麼呢？依據忽滑谷快天云，是「真妄不二」與「理事雙照」。❶而其理論根據，從上一章討論得知，是《楞嚴經》的「融通妄想」與《信心銘》、《證道歌》、《永嘉集》及《宗鏡錄》之「境智冥一」和「心境融通」的思想。

　　考行秀禪學思想主要架構，是構築於宏智「默照禪」思想上，而「默照禪」是否有回歸達摩北宗禪法的傾向，現代學者有爭議。因此，在進行行秀心性思想討論之前，對「默照禪」與達摩北宗禪法的關係，有必要先作釐清。本章就從默照禪與達摩北宗禪的關係，以及行秀心性思想的特質這兩方面進行討論。

## 第一節　達摩禪、北宗禪與默照禪

　　現代學者認為「默照禪」有回歸達摩北宗禪傾向者，有鈴木大拙、岡田宜法、阿部肇一、呂澂、聖嚴、賴永海等。這些

---

❶ 忽滑谷快天《禪學思想史》下冊，東京：玄黃社，1925年，初版，頁422。

學者所持理由，都認為「默照禪」的特質屬於看心、靜坐。例如鈴木大拙即以荷澤宗之「知」與神秀「拂塵看淨」作為「默照禪」歷史源頭。鈴木說：

> 看心看淨的禪法，可以說與後代「默照禪」相類似，而此看心、看淨、不動坐禪的禪法，可以稱為「靜態禪」。其弊在停滯、默照、明白裡打坐，不能出窠窟。因此，曹洞禪可以說是荷澤宗之知與神秀派看淨主義之餘流。❷

呂澂、聖嚴與賴永海亦持類似看法，認為看心、靜坐是「默照禪」最大特質。❸

岡田宜法是以達摩所謂「心如牆壁」等同宏智所說的「默」字；「了了常知」等同宏智所說的「照」字，認為宏智「默照禪」是體現達摩禪的真精髓。❹而阿部肇一則認為「默

---

❷ 鈴木大拙〈六祖壇經〉，收於井上哲次郎、宇井伯壽、鈴木大拙監修《禪の書》，東京：春陽堂書店，1986年，第二刷，頁97及106。

❸ 呂澂《中國佛學思想概論》說宏智的「默照禪」即是主張靜坐看心。台北：天華出版社，1986年，再版，頁285。聖嚴〈禪意盡在不言中——《默照銘》解釋〉說宏智所倡導的默照禪法，究其內涵，即是止觀雙運。其用功態度，可緊可鬆。緊法則是以禪修者的意志力，強壓妄念不令生起，強提念頭不令昏沉，坐姿端正，挺腰豎頸，守住身心，住於一境，久久即可漸入「忘言」的程度。收於聖嚴《禪與悟》，台北：東初出版社，1991年，初版，頁289-308。賴永海《佛學與儒學》說：「默照禪」的最大特點，是以看心靜坐為根本。從某種角度說，帶有向「達摩禪」回歸的色彩。浙江：人民出版社，1993年，第二版，頁201-203。

照禪」的宗旨是著重於復歸達摩禪的本源。❺雖然他沒有進一步說明，不過依據其所著《中國禪宗史》第二章第七節「曹洞宗的成立及其禪宗社會的地位」這節所言，洞山良价所述說的「五位」思想與北宗殘簡〈大乘五方便北宗〉的「五位」思想，在思惟上極為近似，因此認為洞山良价的禪宗思想，明顯的具有北宗禪的特色來看，❻或許阿部肇一即是基於此一理由，認為「默照禪」的宗旨是著重於復歸達摩禪的本源。

　　不認為「默照禪」有回歸達摩北宗禪傾向的現代學者，有楊惠南與魏道儒。楊惠南認為宏智「默照禪」，並不是一味地在靜室當中默然而坐，必須了解還有「解轉身路子」，「妙在回途」，因此認為它也和宗杲的「看話禪」一樣，可以在聲色當中修行。所以「默照禪」和「看話禪」之間，只有枝末的差別，並無本質的不同。❼魏道儒認為宏智「默照禪」與神秀所主張的「看心靜坐」，在立論基礎上是不同的。神秀是通過坐

---

❹ 岡田宜法〈默照禪〉一文，引《景德傳燈錄》（以下簡稱《傳燈錄》）卷三，達摩為慧可說法，祇教曰：「外息諸緣，內心無喘，心如牆壁，可以入道。」慧可種種說心性理，道未契，師祇遮其非，不為說無念心體。慧可曰：「我已息諸緣。」師曰：「莫不成斷滅去否？」可曰：「不成斷滅。」師曰：「何以驗之云不斷滅？」可曰：「了了常知故，言之不可及。」師曰：「此是諸佛所傳心體，更勿疑也。」這段話來論證「默照禪」是體現達摩禪的真精髓。此文收於井上哲次郎、宇井伯壽、鈴木大拙監修《禪の本義》，東京：春陽堂書店，1985年，第一版，頁131。

❺ 阿部肇一著，關世謙譯《中國禪宗史》，台北：東大出版社，1988年，初版，頁777。

❻ 同❺，頁87-93。

❼ 楊惠南〈看話禪和默照禪的融合之道〉，收於楊惠南《禪史與禪思》，台北：東大圖書公司，1995年，初版，頁205。

禪來「觀心」、「觀淨相」，並沒有把般若空觀的思想貫徹到
自己的禪法思想中；相反的，宏智「默照禪」是建立在禪宗心
性論和般若空觀基礎上，以「自照」來說明「淨磨心鑑」，並
不主張有一個可以觀或看的心。因此，儘管宏智的「淨磨心鑑
絕游塵」與「時時勤拂拭」，在字面上與神秀主張相似，實際
義含是不同的。何況宏智還曾大張旗鼓的公開批判神秀北宗禪
法。因此「默照禪」雖然注重坐禪形式，在禪學理論上，仍舊
依據慧能的思想，並沒有向北宗神秀靠攏。❽

　　從上面諸學者的論點來看，其爭議點在「默照禪」強調
坐禪形式，而此坐禪形式，正是南宗禪與北宗禪爭論的焦點。
宏智為了替其舉揚的「默照禪」尋得歷史依據，遂利用古則的
排列次序，暗指「默照禪」的歷史源頭來自世尊、達摩。難怪
會使人連想到達摩的「壁觀」就是神秀北宗的坐禪法。例如
《從容錄》第二則「達磨廓然」，宏智形容達摩「壁觀」狀況
為「寥寥冷坐少林，默默全提正令，秋清月轉霜輪，河淡斗垂
夜柄。」❾彷彿達摩在少林面壁九年，即是在進行一種深層的
「默照」功夫。到底達摩的「壁觀」與宏智舉揚的「默照禪」
是否相同？行秀的認知又是如何呢？下面就從坐禪方法論進行
探討。

# 一、達摩禪與神秀北宗禪

　　達摩禪法與神秀北宗禪法是否相同？在此先作釐清。依

---

❽ 魏道儒《宋代禪宗文化》，鄭州：新華書店，1993年，第一版，頁150。
❾ 《從容錄》卷一，《大正藏》48冊，頁229a。

據宗密《禪源諸詮集都序》（以下簡稱《都序》）卷上之二
云，達摩所教導的坐禪法就是「壁觀」，「壁觀」的實踐目
的就是使人達到「安心」，進而臻於「與道冥符」的境界。
《都序》云：

> 達摩以壁觀教人安心，外止諸緣，內心無喘，心如
> 牆壁，可以入道，豈不正是坐禪之法。❿

上面所說的「外止諸緣，內心無喘，心如牆壁，可以入
道」，就是達摩「壁觀」的內容，坐禪的具體實踐方法。宗密
認為這種坐禪法與神秀北宗所宣揚的坐禪方法不同。神秀北宗
的坐禪方法為：

> 遠離憒鬧，住閑靜處，調身、調息、跏趺、宴默，
> 舌拄上顎，心注一境。⓫

顯然神秀所傳的坐禪方法，屬印度傳統靜坐、調身、調息
的坐禪法，與達摩所傳大乘般若掃相的坐禪法不同。

關於「外止諸緣，內心無喘，心如牆壁，可以入道」的
真實意涵，《菩提達磨略辨大乘入道四行》（以下簡稱《四
行》）曾作進一步說明。《四行》云：

---

❿ 宗密《禪源諸詮集都序》（以下簡稱《都序》）卷上之二，《大正藏》48
　冊，頁403c。
⓫ 同❿，頁402b。

　　理入者，謂藉教悟宗，深信含生同一真性，但為客
塵妄想所覆，不能顯了。若也捨妄歸真，凝住壁觀，
無自無他，凡聖等一，堅住不移，更不隨於文教，此
即與理冥符，無有分別，寂然無為，名之理入。⓬

　　這段引文，可以說是達摩禪法的理論基礎。達摩提出兩
個觀點：（一）相信眾生本來具有的真性，因為外在環境的影
響，而為虛妄不實的相想所蒙蔽，不能彰顯出來。（二）若能
捨棄種種不實的虛妄相想，回歸真性，便能「與道冥符」。此
處所說的「真性」，達摩沒有明說是指自性清淨心，不過就其
「稱法行」中有「性淨之理，目之為法」⓭這句話來看，則應
屬如來藏系自性清淨心的思想。因此，從佛性的思想來說，達
摩是主張有一清淨心內在於法界眾生的生命裡，但由於外在客
塵染污的障覆，而不能顯現，必須透過「捨妄歸真，凝住壁
觀」，才能使「真性」彰顯出來。如何「捨妄歸真，凝住壁
觀」？具體的實踐內容，就是前面所說：「無自無他，凡聖等
一，堅住不移，更不隨於文教」以及「稱法行」所云：

　　性淨之理，目之為法。此理眾相斯空，無染無著，
無此無彼。……為除妄想，修行六度而無所行，是為

---

⓬ 〈菩提達磨略辨大乘入道四行〉，收於《傳燈錄》卷三十，《大正藏》51
　　冊，頁458b。
⓭ 同⓬，頁458c。

稱法行。⓮

　　顯然達摩是以大乘般若學所主張之空義與不二之旨來進行其「壁觀」之法。他認為與自性清淨心相應的客觀理法，是平等一如的理法，而此平等一如的理法，需以無所得的心才能契入。簡言之，達摩的坐禪方法論，就是「蕩相遣執」。道宣在《續高僧傳、習禪篇》也持相同看法，而評論云：「達摩禪法，志在遣蕩，罪福兩捨，與一切法不立的虛（空）宗相近。」⓯所以宗密說達摩坐禪之法是「外止諸緣，內心無喘，心如牆壁，可以入道」，實際上就是般若學所主張的「蕩相遣執」之法。《景德傳燈錄》（以下簡稱《傳燈錄》）卷三達摩與慧可在討論其禪法時，也曾說：「對未契道者，只遮其非，不為說無念心體；對已契道者，則需以『了了常知』驗之，恐其墮入斷滅。」⓰就「只遮其非」來說，屬「蕩相遣執」之法；若就「了了常知」來說，則與神會荷澤禪、宏智默照禪相近。關於此點，留待後面再討論，此處僅就「蕩相遣執」這點來論證它與神秀北宗禪所主張的「息妄看淨，凝心住心」禪法的不同。雖然達摩禪與神秀北宗禪在實踐方法上有此不同，不過就「與道冥符」這一點來看，則又與神秀北宗的「心注一境」相近。因為達摩所說的「道」，是屬於客觀的理法，在自

---

⓮ 同⓭。

⓯《續高僧傳》卷二十，《大正藏》50冊，頁596c。

⓰《傳燈錄》卷三，《大正藏》51冊，頁219c-220a。

性清淨心之外，非即自性清淨心之道，因此還有主客的對立，尚未臻於「心境冥一」之境地。❼

## 二、宏智的默照禪

　　宏智對默照禪法的介紹，主要以《宏智禪師廣錄》（以下簡稱《宏智錄》）卷八所收錄的幾篇短文為代表，例如〈坐禪箴〉、〈默照銘〉及〈淨樂室銘〉等。〈默照銘〉主要是闡明宏智「默照禪」思想理論；〈坐禪箴〉、〈淨樂室銘〉則偏向坐禪方法論的闡發；〈本際庵銘〉重點在心體的闡述。此處討論的重點，以其坐禪方法論為主。宏智所教導的坐禪法，依據楊惠南的看法，可以歸納成下列三點特質：（一）強調在靜室中靜坐默究。（二）透過靜坐默究，泯除內外緣慮。（三）由於內外緣慮的泯除，心與心法混融不二。❽現在就依此三點特質，進行分析討論。

### （一）強調在靜室中靜坐默究

　　依據〈淨樂室銘〉中有云：「淨中之樂，默中之照。默照之家，淨樂之室。居安忘勞，去華取實。」❾此處宏智雖沒有

---

❼ 洪修平《中國禪學思想史》亦持相同看法。洪修平說：儘管達摩的禪法一再強調心無所著，稱法而行，但既謂「入」，便有能入所入；既要「符道」，便有「道」可符。因此，達摩的「安心」禪法從根本上說，仍未完全擺脫「心注一境」的傳統禪法，其所觀之境，所入之境，實際上仍然是外在於人心的，清淨之本心與無相之實相並沒有真正合二為一。台北：文津出版社，1992年，初版，頁80。

❽ 同❼，頁204。

明言，修默照禪法者，一定要在安靜的房間中，默然靜坐，參究禪理。不過從「居安忘勞，去華取實」來看，則是強調在安靜的房間中，默然靜坐，參究禪理，是修禪者的最大樂趣。單就這一點來看，與神秀北宗禪主張，為了趣入禪境的方便，需「遠離憒鬧，住閑靜處」相似。

若就參究的方法來看，神秀北宗禪，主張「拂塵看淨」；宏智默照禪則主張以「無心」來參究。《宏智錄》卷六「法語」云：

> 古人道：「無心體得無心道，體得無心道也休。」進可寺丞，意清坐默，游入環中之妙，是須恁麼參究。❷⓿

此處所說的古人，即是指洞山良价弟子，龍牙居遁禪師。❷❶「無心體得無心道，體得無心道也休」，這兩句話正是洞山「無心合道」思想的闡發。所謂「無心」，是指無心於物，不被物縛。若能超脫物的束縛，才能體認道體，與道相契合。因此宏智主張在默然靜坐中，需以「無心」來參究禪理，方能體驗不可言說的諸法實相。所以從坐禪方法論來看，默照

---

❶⓿ 《宏智禪師廣錄》（以下簡稱《宏智錄》）卷八，《大正藏》48冊，頁100b。

❷⓿ 《宏智錄》卷六，《大正藏》48冊，頁73c。

❷❶ 《傳燈錄》卷二十九，收錄〈龍牙和尚居遁頌一十八首〉，中有一首云：「夫人學道莫貪求，萬事無心道合頭。無心始體無心道，體得無心道亦休。」因此知道宏智所說古人，即是指龍牙居遁禪師。《大正藏》51冊，頁453a。

禪與神秀北宗禪的主張不同。

再則，基於「無心」的思想，宏智認為參禪，有時是「孤峰頂上坐斷十方」，有時又需於「鬧市門頭分身百億」。❷可見宏智並非一味主張，修行只能在淨室中默然靜坐，也可在日常生活中進行。就此點來說與神秀北宗禪主張只能住閑靜處修行不同，在上一章思想結構分析處，亦得到相同結論，認為宏智默照禪不只是強調「默坐」，而是要更積極的從日用恁緣中去體現。

## （二）透過靜坐默究，泯除內外緣慮

宏智主張以「無心」來參究禪理。如何實踐「無心」呢？他說：

> 真實做處，唯靜坐默究，深有所詣，外不被因緣流轉，其心虛則容，其照妙則準；內無攀緣之思，廓然獨存而不昏，靈然絕待而自得。得處不屬情，須豁蕩了無依倚，卓卓自神，始得不隨垢相。❷

宏智認為，要達到「無心」，只有通過靜坐默究。當靜坐默究功夫深時，外則能夠不被現象世界的事物所牽動。因為現

---

❷ 《宏智錄》卷五，小參云：法無去來，無動轉者。有時孤峰頂上坐斷十方，有時鬧市門頭分身百億。所以道：「去來不以象，故無器而不形，動靜不以心，故無感而不應。恁麼說話，建化門中即得。」《大正藏》48冊，頁72b。

❷ 同❷。

象世界的事物，皆是因因緣而生，因因緣而滅，流轉不息。如
果能夠無心應萬物，則能夠照鑑萬物，而顯現無窮妙用；內則
無分別取捨，得失是非情量，一切緣思淨盡，妄念皆無。此時
心體如虛空，無所依倚，湛然圓明，廓然獨照而不昏昧。

　　若從內外緣慮泯除來看，宏智主張「外不被因緣流轉，內
無攀緣之思」，似乎與達摩唱導的「外息諸緣，內心無喘，心
如牆壁」的「壁觀」修行法相同，皆屬般若學「蕩相遣執」的
修行方法。若從心體的「照妙」功能來看，達摩雖然也強調心
體的「了了常知」，如他與慧可的問答：

　　可曰：「我已息諸緣。」師曰：「莫不成斷滅去
　　否？」可曰：「不成斷滅。」師曰：「何以驗之云不
　　斷滅？」可曰：「了了常知故，言之不可及。」師
　　曰：「此是諸佛所傳心體，更勿疑也。」❷❹

　　從這一段引文來看，顯然達摩只強調心的自覺性，也就
是本覺的這一層面，至於心的「照妙」功能，也就是始覺這一
層面並未提及；相反的，宏智不僅強調心的自覺性：「靈然
自得，獨存不昏」，同時也強調心的照妙功能。例如：《宏智
錄》卷六云：

　　學佛究宗家之妙，須清心潛神，默游內觀。徹見法

---

❷❹ 同❶❻，頁220a。

源，無芥蒂纖毫作障礙，廓然亡像。如水涵秋，皎然
瑩明，如月奪夜。正恁麼也，昭昭不昏，湛湛無垢，
本來如如，常寂常耀。其寂也非斷滅所因，其耀也無
影事所觸。虛白圓淨，曠劫不移。不動不昧，能默能
知底處行步得穩。㉕

　　這段引文，說明了默照禪的特質有下面幾點：1、靜坐默
究是探究禪宗之妙的方法。2、要能徹底見到法的本源，須內
外緣慮泯除。3、內外緣慮泯除，本來常寂常耀之光明心體，
才能自然顯現。4、此光明心體，處於寂默的時候，並不是斷
滅的狀況；處於照耀的時候，也不是對緣而照。5、在心與心
法混融不二時，湛然圓明的心體，才能不動不昧，能默能知。
可見宏智是站在境智冥一的立場，提出「寂知」與「照妙」的
心性思想；達摩是站在「與道冥符」的立場，只提出「寂知」
的主張，尚未涉及「照妙」功能。因此，僅管宏智在《從容
錄》第二則頌中，以「寥寥冷坐少林，默默全提正令，秋清月
轉霜輪，河淡斗垂夜柄」，暗喻達摩在少林寺面壁九年，即是
在進行一種深層的「默照」功夫。不過，從前面的分析討論來
看，宏智的暗喻，事實上，只是為了替「默照禪」尋得歷史源
頭，不得不作的安排。因為單就「寂知」來看，默照禪與達摩
禪的主張是相同的；若就「照妙」功能來看，則默照禪與達摩
禪不同。再則，達摩的「與道冥符」，前面已論及接近神秀

---

㉕同㉒，頁75c。

北宗禪的「心注一境」。所以岡田宜法將達摩所謂「心如牆壁」等同宏智所說的「默」字，「了了常知」等同宏智所說的「照」字，筆者覺得有必要再商榷。

## （三）由於內外緣慮泯除，心與心法混融不二

宏智是站在境智冥一的立場，提出「寂知」與「照妙」的心性思想。他認為心要達到「寂知」與「照妙」的功能，必須先泯除內外緣慮，使心與心法混融不二。而內外緣慮的泯除，則是由「無心」的參究來完成。此「無心」的思想，如前面所言，是承繼洞山「無心合道」思想而來。若從思想史的角度來看，此「無心合道」的思想，最早提出的是牛頭法融，且成為牛頭禪的特質。不過，牛頭禪的禪風，也不是那樣一成不變的。依據印順《中國禪宗史》第九章云：「牛頭禪傳到安國玄挺時，因受到荷澤神會的影響，以『寂然無事』的立場，會通了曹溪的『即心是佛』與『明見佛性』。將原本以『虛空為道體，森羅為法用』的牛頭禪法，轉化為以『心為體』、『心為宗』、『心為本』。」❷❻洞山屬石頭系的傳人，印順認為石頭宗的禪法是介於曹溪與牛頭之間，並非完全等同牛頭禪。這點倒與宗密的看法不同。❷❼洞山雖然也提出「無心合道」的思

---

❷❻印順《中國禪宗史》，台北：慧日講堂，1975年，重版，頁392-394。
❷❼《都序》卷上之二，宗密將石頭、牛頭，下至徑山，皆歸類為泯絕無寄宗，《大正藏》48冊，頁403c；而印順《中國禪宗史》第九章則說石頭的禪，一面受到曹溪南宗「即心即佛」的啟發，一面又將參禪稱為「參玄」，這種道化的參禪，是受到僧肇、牛頭的影響。因此石頭的禪法，是在曹溪與牛頭的中間，進行溝通的工作。見印順《中國禪宗史》，頁407-408。

想，但並非如牛頭法融一樣，只停留在形而上學的本體論裡，
而是更進一步從自己身心下手。這點倒與安國玄挺的心性思想
一樣。宏智的心性思想，亦是繼承此一論點，從自己身心下
手。因此，雖然他也主張以「無心」來參究禪理，但並不否定
心的「寂知」與「照妙」的功用。這點倒接近荷澤宗的禪法。
《宏智錄》卷六云：

> 渠非修證，本來具足。他不污染，徹底清淨。正當
> 具足清淨處，著得箇眼，照得徹，脫得盡，體得明，
> 踐得穩。生死元無根蒂，出沒元無朕迹。本光照頂，
> 其虛而靈，本智應緣，雖寂而耀。真到無中邊，絕前
> 後，始得成一片。根根塵塵，在在處處，山廣長舌，
> 傳無盡燈，放大光明，作大佛事，元不借他一毫外
> 法，的的是自家屋裡事。❷❽

　　從這段引文，可以概括宏智心性思想如下：1、心體本
自具足，無須修證。2、要了脫生死，須在內外緣慮泯除的當
下，體得自性清淨的心體。3、「本光照頂，其虛而實，本智
應緣，雖寂而耀。」正是宗密所說的自性本用及隨緣應用。❷❾
4、心與心法混融不二時，才能隨處作主。而《都序》卷二，

---

❷❽ 同❷⓪，頁74a。

❷❾ 宗密《中華傳心地禪門師資承襲圖》（以下簡稱《承襲圖》），宗密云：
「真心本體有二種用，一者自性本用，二者隨緣應用。………心常寂是自
性體，心常知是自性用，此能語言、能分別動作等是隨緣應用。」《卍續
藏》63冊，頁35a-b。

宗密對荷澤禪法的描繪如下：

> 諸法如夢，諸聖同說，故妄念本寂，塵境本空。空
> 寂之心，靈知不昧，即此空寂之知，是汝真性。任迷
> 任悟，心本自知，不藉緣生，不因境起，知之一字，
> 眾妙之門。……知且無念無形，誰為我相人相？覺諸
> 相空，心自無念，念起即覺，覺之即無，修行妙門，
> 唯在此也。故雖備修萬行，唯以無念為宗。……既了
> 諸相非相，自然無修之修。煩惱盡時，生死即絕。生
> 滅滅已，寂照現前，應用無窮，名之為佛。❸⓿

從宗密的描述，可以歸納出荷澤禪法的特質為：1、「空
寂之心，靈知不昧」是荷澤禪法的思想核心。2、空寂之心
體，雖然是寂然不動，卻有照察之義用。3、心體無形、無
念，念起即覺，覺之即無，故道無需修證。依據宗密的說法，
心的照察義用有兩種，即自性本用及隨緣應用。所謂自性本
用，就是不須相對的因和緣，就可以自知自覺的；隨緣應用剛
好相反，必須要等待相對的因緣條件，一切具備之後才能成
立。引文中「任迷任悟，心本自知，不藉緣生，不因境起」，
即是宗密所說的自性本用；「寂照現前，應用無窮」，即是宗
密所說的隨緣應用。因為空寂之知，無形無相，超越一切思
惟、語言概念，是屬於「無念」境界，所以在與現象世界的事

---

❸⓿ 同❶⓿，頁402c-403a。

物接觸時，馬上能察覺到一切現象的本質都是無自性。因為心體是空寂的，所以就不會被客觀現象所牽動；由於主客不再對立，心體湛然圓滿，自然能處於無修之修的境地，進而應物現形而無窮。

若將前面所述及的宏智心性思想，對照此處所說的荷擇禪法的特質，則發現其共通處有三點，即：1、主張有一靈知不昧的心體，2、強調心的自性本用與隨緣應用，3、主張修證不二。相異之處，在宏智主張以「無心」來參究禪理，側重在境智冥一的混融作用；荷澤禪主張以「無念」頓入禪理，側重的是現實心念中的不住。因此，默照禪與荷澤禪，在心性思想上雖然近似，仍舊稍有不同。明確的說，默照禪的禪法是介於牛頭禪與荷澤禪之間，所以鈴木大拙認為默照禪的歷史源頭是「荷澤宗之知與神秀派看淨主義的餘流」，值得再商榷。

## 三、行秀對默照禪的認知

行秀禪學思想，既然是建構在宏智的「默照禪」思想上，那麼行秀對「默照禪」的認知，是否與宏智的思想相同？或者是在原來的基礎上作進一步的發揮？是一項值得研究的課題。此處就從兩方面來探討：（一）行秀對默照禪的定位，（二）行秀對南北宗禪法的批判。

### （一）行秀對默照禪的定位

宏智在心性思想上，主張以「無心」來參究禪理，強調心的靈知不昧，與心的自性本用及隨緣應用。因此宏智所舉揚

的「默照禪」是介於牛頭禪與荷澤禪之間。行秀是否也繼承宏
智此一觀點，將「默照禪」定位於牛頭禪與荷澤禪之間？首先
行秀認為參禪的意義不是以坐脫立亡，作為求取佛道的終極目
標。《從容錄》第九十六則，行秀以《林間錄》卷上，歐陽修
與嵩山老僧的對話及《圓悟語錄》，佛果對大慧宗杲所開示的
法語來批判當時參禪者以「坐脫立亡」為參禪的終極目標。❸
《林間錄》卷上，歐陽修與嵩山老僧對話云：

> 　　歐陽文忠公曰：「古之高僧，臨生死之際，類皆談
> 笑脫去，何道致之耶？」
> 　　對曰：「定慧力耳。」又問：「今乃寂寥無有，何
> 哉？」老僧笑曰：「古之人，念念在定慧，臨終安得
> 亂；今之人，念念在散亂，臨終安得定？」❸

　　歐陽修以僧人臨命終時，是否能坐脫立亡，預知時日來判

---

❸　《從容錄》卷六載佛果示杲上人法語云：「嗟！見一流拍盲野狐種族，自
　　不曾夢見祖師，卻妄傳達摩以胎息傳人，謂之傳法救迷情。以至引從上最
　　年高宗師，如安國師、趙州之類，皆行此氣，及謗初祖隻履，普化空棺，
　　皆謂此術有驗，遂致渾身脫去，謂之形神俱妙。……復有一等，假託初祖
　　胎息說，趙州十二時別歌，龐居士轉河車頌，遞互指授，密傳行持，以圖
　　長年及全身脫去，或希三五百歲，殊不知，此真是妄想愛見。」《大正
　　藏》48冊，頁289b-c。又見《圓悟語錄》，《禪宗全書》（以下簡稱《禪
　　全》）41冊，頁374c-375a。
❸　考行秀引文出處為《林間錄》卷上，《卍續藏》87冊，頁254a-b。而《從
　　容錄》卷6，行秀只引「嵩山老僧道：今人念念在亂，臨終安得定。」
　　《大正藏》48冊，頁289b。

定其修行之高低，嵩山老僧則認為這沒什麼了不起，只要能掌
握人現前的每一個心念，使其常處於定慧當中，自然能生死自
在。此處嵩山老僧所說的：「念念常在定慧當中」，即是《壇
經》中所說的「定慧不二」，「見性成佛」之義，如何念念常
在定慧當中？《從容錄》第五十八則，行秀引《六祖口訣》進
一步說明云：

　　約理而言，先世即是前念妄心，今世即是後念覺
　　心。以後念覺心，輕賤前念妄心，妄不能住，故云先
　　世罪業即為消滅。妄念既滅，罪業不成，即得菩提。
　　此理事二解，皆約觀行也。❸❸

　　引文中所說的「妄心」，就是指生滅心，「覺心」是指
真如心或般若智。行秀認為要保持念念常在定慧當中，在理觀
上，只要以般若智觀照前念的妄心，使生滅的妄心不能住著，
則皎然本具的般若智心即能現前。這與荷澤禪主張以「無念為
宗」的修行方法相似。《都序》卷上之二，宗密描繪荷澤禪的
修行方法是：

　　若得善友開示，頓悟空寂之知，知且無念無形，誰
　　為我相人相。覺諸相空，心自無念，念起即覺，覺之
　　即無，修行妙門唯在此也。❸❹

---

❸❸ 《從容錄》卷四，《大正藏》48冊，頁263c。
❸❹ 同❿，頁403a。

　　神會認為空寂心體上有本智，本智能證知本體空寂，無形無相，故念起即覺，覺之即無，此是修行的妙門。前述《六祖口訣》引文中所說的「覺心」，雖然無法直接判定與神會所說的「般若智心」相同，不過從行秀在同則中，接著對《楞嚴經》演若達多喪頭，㉟評為「此迷真執妄也，般若觀照真也，功過因果妄也。真智現前，妄業消滅，阿耨菩提皎然本具，此正教意。」㊱以及嵩嶽破竈墮和尚對破竈說無生法，㊲評為「土瓦合成，聖從何來，無我人相，般若智也。以真智為妄業，從來辜負。」㊳來看，顯然行秀對《六祖口訣》中所說的「覺心」，是理解成般若智心的。就這點來說，行秀在修行方法上，與神會一樣，側重於空寂心體的自證，屬攝用歸體的禪法。不同的是，神會立知見，泯絕一切法，強調以「無念」來參究禪理；行秀則是站在心境融通的立場，主張以「無心」來參究禪理。行秀認為「靜為天地本，動合聖賢心。」㊴《從容

---

㉟ 《從容錄》卷四，行秀舉《楞嚴經》佛對富樓那云：「豈不聞室羅城中，演若達多，忽於晨朝，以鏡照面，愛鏡中頭，眉目可見，嗔責己頭不見，面目以為魑魅，無狀狂走。於意云何，此人何因無故狂走？」富樓那言：「是人心狂，更無他故。」《大正藏》48冊，頁264a。考其原文出於《楞嚴經》卷四，《大正藏》19冊，121b。

㊱ 同㉟，頁264a。

㊲ 同㉟，行秀舉嵩嶽破竈墮和尚，因山塢有廟，殿安一竈，烹宰祭祀不輟。墮領侍者入廟，以杖敲竈三下咄云：「此竈泥瓦合成，聖從何來？靈從何起？恁麼烹宰物命。」又打三下，竈乃傾墮破落。不久有一人，青衣峨冠設拜云：「我本廟神，久受業報，今日蒙師說無生法，脫此處，生在天中，特來致謝。」師曰：「是汝本有，非吾強言。」神再拜而沒。此故事，本出《傳燈錄》卷四，《大正藏》51冊，232c-233a。

㊳ 同㉟。

㊴ 《從容錄》卷六，《大正藏》48冊，頁280c。

錄》第五十八則，行秀批評雲居以「動則應墮惡道，靜則為人輕賤。」以及崇壽稱以「心外有法，應墮惡道，守住自己，為人輕賤。」來回答「是人先世罪業應墮惡道，以今世人輕賤故，先世罪業即為消滅。」這命題的真正意涵時云：「兩個老漢俗氣也不除。」❹因為無論是雲居或崇壽，仍存有動靜、心法對立之概念，尚未達到境智冥一的境地，因此行秀批評他們為「俗氣也不除。」行秀在參禪方法上，因為與神會有此不同，所以他對神會的「知之一字，眾妙之門」批評云：

　　爾但是則總是，莫坐在是處，不是總不是，莫坐在不是處，兼通五位正偏，豈可死在句下。❹

　　這裡行秀所說的「五位正偏」，正是曹洞宗立於「機貴回互」之旨所展開的一種觀行，重點在回互照知而保任。行秀進一步指出，曹洞宗參禪方法是「正倒時便起，正起時便倒底時節。然後起倒同時，起倒不立。」❹又云：「大用無方會，見向一色邊，不得色邊會，以為宗旨血脉。」❹可見行秀是基於境智冥一的立場，主張以「無心」來參究禪理。這點倒與宏智的主張相同，皆是將「默照禪」定位在牛頭禪與荷澤禪之間。

　　再則，從第三章對《從容錄》內容結構分析上來看，行

---

❹ 同❸。
❹ 《從容錄》卷二，《大正藏》48冊，頁240a。
❹ 同❹，頁244a。
❹ 同❹，頁244b。

秀較偏愛洞山著作，對其引用次數高達二十次之多，且以宣
提洞上❹宗旨為己任。可見行秀在心性思想上亦受到洞山的影
響，而洞山在心性論上，是主張「無心合道」的。所以行秀會
主張以「無心」來參究禪理是可以理解的。此處進一步就行秀
所認知的洞上宗風：「靜沉死水，動落今時，名二種病。爾但
出不隨應，入不居空，外不尋枝，內不住定。」❺來看其與宏
智心性論的關係如何？所謂「爾但出不隨應，入不居空，外不
尋枝，內不住定」，正是宏智所說的心有「寂知」與「照妙」
功能的結果。宏智認為，透過內外緣慮的泯除，本來常寂常耀

---

❹ 依據阿部肇一《中國禪宗史》第十五章註釋6，對洞上宗風之「洞上」解
釋云：「所謂洞上即指曹洞宗，出於乃祖洞山良价。他是八〇七年生，
歷參禮南泉普願、溈山靈佑、雲巖曇晟而大悟，居筠州洞山普利院，於
八六九年示寂，享年六十三歲。其嗣法弟子有雲居道膺、曹山本寂、青林
師虔等二十三人。這些人號稱洞山宗風。」見阿部肇一著，關世謙譯《中
國禪宗史》，台北：東大出版社，1988年，初版，頁636。另，依據石井
修道《宋代禪宗史の研究》第三章第三節「初期曹洞宗的宗風」所云，認
為洞山的宗風並非以五位思想為中心，而是強調「三路」及「刮骨禪」。
重點在不留下悟後的痕跡。並依據南嶽玄泰所撰曹山之「塔銘」來論斷，
曹山傳五位是在洞山示寂後三十年。並進一步從教團發展史來看，認為洞
山教團在王仙芝叛亂時，教團曾一度解散，後經曹山法系的復興。此時曹
洞宗是以五位思想作為教團的指導原理，再加上筠州新昌縣出身的覺範德
洪發起曹山顯彰運動，更增加曹洞宗宗風固定化的傾向。因此石氏認為洞
山良价的宗風與曹洞宗五位思想，不可以等洞視之。詳情請參閱石井修道
《宋代禪宗史の研究》第三章第三節「初期曹洞宗的宗風」，東京，大
東出版社，昭和62年，初版，頁181-205。此處依據行秀所強調「洞上宗
風」內容來看，筆者認為行秀所宣提的「洞上宗旨」，應該就是洞山的宗
風，不留下悟後的痕跡。換言之，到了後期曹洞宗宗風已經走上調和，何
況曹山也曾開示云：「從鳥道的說法來看洞山宗風，是接上機者，五位是
方便的開示。」
❺《從容錄》卷一，《大正藏》48冊，頁234b。

的心體自能顯現。而此寂耀之心體，處於寂默時，能了了常
知，不墮入斷滅空；處於照耀的時候，也不會被現象世界的事
物所牽動。因此能「但出不隨應，入不居空，外不尋枝，內不
住定。」可見行秀對「默照禪」的理解，仍舊是繼承宏智的心
性思想而來。所以他認為參禪的目的，不在坐脫立亡，而是要
動合聖賢心的。

　　前面提到，行秀在參禪方法上，是從「靜為天地本，動
合聖賢心」這一理念出發。而此一理念，尋其根源，即是宗密
所說的，心有「自性本用」與「隨緣應用」二種照察義用的
再延伸。所謂「靜為天地本」，就是宏智所說的，內外緣慮泯
除，心體如虛空，無所依倚，湛然圓明，廓然獨照而不昏昧的
狀態。換言之，就是心體處於「寂知」之狀況。這與行秀所批
判的執著法空，法執不忘，陷於靜沉死水的狀況不同。《從容
錄》第五十二則，行秀對德山、曹山分別以「如驢覷井」、
「如井覷驢」來詮釋「佛真法身，猶若虛空，應物現形，如水
中月」這一命題時評云：

　　德云：「如驢覷井」，此豈情識計校可及，非久
經淘鍊，具衲僧巴鼻，不許到這田地，若是小作，無
向上關梲子，滿口許他也。山云：「道即大曬道，只
道得八成。」如秤稱斗量來相似。德云：「和尚又如
何？」這一拶，詞窮理盡，敢道出他驢覷井一句不
得。是他款款地，只與倒過，可謂觸類而長之。此所
以稱曹洞宗派之源也。❹⑥

　　行秀認為，真正的悟境，非情識計校可及，而是在是非情量，分別取捨泯除後，臻於境智冥一的狀況下才可迄得。因此他批評德山的「如驢覷井」尚未達聖境，曹山的「如井覷驢」才是曹洞宗宗旨所要傳遞的真正意涵。基於此一觀點，《從容錄》第二十三則，行秀對大明詮禪師，以「淡中有味」來形容默然靜坐的狀況時，亦評論云：

　　　水性本淡，加之以茶蜜，甘苦生焉；性亦恬憺，派
　　之以迷悟，則凡聖立焉。雖曰淡中有味，斯乃無味之
　　味，其味恒然，妙超情謂。情字從心，謂字從言，到
　　此言語道斷，心行處滅。法眼道：「理極忘情謂，如
　　何有喻齊？」❹

　　從行秀的評論，可以看出，行秀認為，心體湛然圓明本具，本無迷悟、凡聖之對立，但因人的情識分別，故有凡聖、迷悟之別。若能透過靜坐默究，到言語道斷，心行處滅時，則湛然圓明的心體自能顯現，這就是「無味之味」。可見行秀亦承認有一湛然圓明的心體，而此心體亦是靈知不昧，故能「動合聖賢心」。所謂「動合聖賢心」，即是宏智所說的「照妙」，宗密的「隨緣應用」功能。因為它是從湛然圓明，不動不昧的心體出發，所以不會落入現象世界中的束縛，也就是行

---

❹《從容錄》卷三，《大正藏》48冊，頁260a。
❹《從容錄》卷二，《大正藏》48冊，頁242c。

秀所批判的「動落今時」中。《從容錄》第五十六則，行秀進一步以曹洞宗的「借功明位」來詮釋教中性修二門，他說：

> 教中有性修二門，洞上名借功明位。大抵因修而悟，從凡入聖，白衣庶民有拜冢宰；若先悟後修，從聖入凡，積代簪纓，本來尊貴，雖飄零萬狀，骨骼猶在。❹

　　所謂「借功明位」，就是曹洞宗依據「五位正偏」、回互的道理，所開展的一種實踐方法。重點在回互而照知。而行秀以此實踐方法來詮釋教中之性修二門的修行方法，顯然行秀有意以「借功明位」來統合此修行二門。所謂從凡入聖，是指由現象界證入本體界，屬證大果，成正覺的表現；從聖入凡，是指從體起用的狀況，亦是說法利生，轉法輪的階段。此二門，對行秀來說，即是指心的「寂知」與「照妙」功能。行秀認為，透過「借功明位」的靜坐潛觀，即能徹見法的本源，體悟心體的靈然不昧，寂知之功能；而心體在不動不昧的狀況下，又有無窮的照妙功能。因此在「借功明位」的實踐下，能同時完成此性修二門的修行。此「借功明位」所以有此功能，主要是建立在曹洞宗的「回互」之旨上，如前面提到曹洞宗參禪方法是「正倒時便起，正起時便倒底時節，然後起倒同時，起倒不立。」因此對行秀來說，因心具有「寂知」與「照妙」功能，故能同時完成此性修二門的修行。

---

❹《從容錄》卷四，《大正藏》48冊，頁262c。

行秀又進一步說明，從聖入凡的「照妙」功能，就是宗密所說的「隨緣不變」之旨。❹而宗密的「隨緣不變」之旨，是用來詮釋心的「自性本用」與「隨緣應用」之間的關係。可見行秀亦接受心有「自性本用」與「隨緣應用」二種照察功能。所以《請益錄》第六十八則，行秀對「俱胝一指頭禪」❺與「雲巖掃地次」❺二則公案，以宗密的「自體用」與「隨緣應用」來詮譯，並且說：「非深明洞上、臨濟二宗者，不可辨也。」❺而《從容錄》第二十一則，行秀以「洞上貴迴機轉

---

❹ 同❹。

❺ 原出處為《傳燈錄》卷十一，記載云：「婺州金華山俱胝和尚，因得天龍一指頭禪而悟道，自此凡有參學僧到來請益，唯舉一指，別無提唱。座下有一童子，在外被人問：「和尚說了什麼法要？」童子豎起指頭。回來就此事說與俱祇聽，俱祇就用刀把他的指頭砍斷。童子痛的喊叫走出去，俱祇在後面喚他一聲，童子回頭，俱祇卻豎起指頭，童子忽然領悟。」《大正藏》51冊，頁288a-b；《從容錄》卷六，第八十四則，即以此典故為古則。

❺ 可參閱《從容錄》卷二，公案原文為：雲巖掃地次，道吾云：「太區區生。」巖云：「須知有不區區者？」吾云：「恁麼則有第二月也。」巖提起掃帚云：「這個是第幾月？」吾便休去。玄沙云：「正是第二月。」雲門云：「奴見婢殷勤。」《大正藏》48冊，頁240c。

❺ 《請益錄》卷下第六十八則載，行秀云：俱胝一指頭禪，蓋為承當處不諦。圭峰判此有自體用，有隨緣應用。自體用，如鏡之明，隨緣應用如明所現影。俱胝將隨緣應用作自體用。萬松室中間僧：「俱胝豎指意如何？」僧乃豎指，萬松隨後捝云：「祇這個更別有？」往往措手不辦，以圭峰判之少自體用。雲巖掃地次，道吾云：「太區區生。」巖云：「須知有不區區者？」吾云：「恁麼則有第二月。」雲巖舉起掃帚云：「這個是第幾月？」玄沙云：「正是第二月。」此解隨緣應用。長慶云：「被他倒迴掃箒驀口撼，又作麼生？」此明自體用。非深明洞上、臨濟二宗者，不可辨也，《卍續藏》67冊，頁492b。

位」以及「須知有個轉身就父底時節」來評論「雲巖掃地次」
公案。㊹可見行秀在心性思想上，完全繼承宏智所主張的：
1、有一靈知不昧的心體。2、強調心的自性本用與隨緣應用。
3、主張以「無心」來參究禪理。所以行秀對默照禪的認知，
亦是把它定位在牛頭禪與荷澤禪之間的一種禪法。

## （二）行秀對南北宗禪法的批判

行秀對默照禪的認知，是把它定位在牛頭禪與荷澤禪之
間。基於此一認知，行秀對南北宗禪法亦提出批判。現在就以
《請益錄》第二則及第九十九則作為討論對象。《請益錄》第
二則所舉古則是：

> 舉臥輪禪師偈云：「臥輪有伎倆，能斷百思想，
> 對境心不起，菩提日日長。」六祖聞云：「慧能無伎
> 倆，不斷百思想，對境心數起，菩提作麼長？」㊺

依據楊惠南的說法，臥輪這種「能斷百思想」、「對境心
不起」的禪法，正是神秀所說的「身心不動」、「不起心」的
禪法。㊻如此說來，臥輪這首偈語，所呈現的就是北宗禪的禪
法；而六祖對應偈，所代表的當然是南宗禪的禪法。對此截然

---

㊹ 《從容錄》卷二，《大正藏》48冊，頁241a-b。
㊺ 《請益錄》卷上，《卍續藏》67冊，頁462c。
㊻ 楊惠南〈道信與神秀之禪法的比較〉，收於楊惠南《禪史與禪思》，台
　北：東大圖書公司，頁108。

不同的兩宗禪法，行秀提出評論云：

> 臥輪道：「對境心不起」，正與久參未徹者僻見
> 一般。……六祖和之曰：「慧能無伎倆，不斷百思
> 想」，雖云稱性之談，未出斷常二見。正如北宗「時
> 時勤拂拭，莫使惹塵埃。」祖和曰：「本來無一物，
> 何處惹塵埃？」敵體對證，救弊之談。❺❻

　　行秀的評論是站在曹洞宗宗風：「爾但出不隨應，入不
居空，外不尋枝，內不住定。」而出發。他認為臥論「對境心
不起」，屬「靜沉死水」之病。因為雖能證得法身，但法執不
忘，墮在法身邊；六祖「不斷百思想」，雖然屬稱性之談，但
就曹洞宗「機貴回互」、「轉身就父底時節」之旨，則六祖的
「不斷百思想」，有易落入「動落今時」之病之嫌。因此站在
曹洞宗宗風的立場來看，無論是六祖對臥輪或六祖對神秀，皆
屬救弊之談，尚未臻究境。況且無論是「對境心不起」、「對
境心數起」、「時時勤拂拭」或者「本來無一物」，皆犯執
一偏之病，且未達心境融通之境。而心境融通，是洞山所主
張「無心合道」的真實內涵。《請益錄》第九十九則，洞山
即云：「直饒道本來無一物，也未合得他衣鉢。」❺❼行秀依據

---

❺❻ 同❺❹，頁462c-463a。

❺❼ 《請益錄》卷下，萬松以《無盡燈錄》解釋云：僧問洞山：「時時勤拂
　　拭，莫使惹塵埃，為什麼不得鉢袋子？」山曰：「直饒道本來無一物，亦
　　未得他鉢袋子。」《卍續藏》67冊，頁504c。

《宗鏡錄》，對慧能與神秀的悟道偈亦提出其看法。他說：

> 若入《宗鏡》理行俱圓。據《宗鏡》斷大鑑祇具一
> 隻眼，大通雙眼圓明。何者？大鑑具理而無行，謂本
> 來常淨，不假拂塵；大通已悟須修，拂塵鏡朗。所以
> 道：「正雖正卻偏，偏雖偏卻圓。」非久參洞上之宗
> 者，未可與語。❸

　　此處《宗鏡錄》所說的「理行俱圓」，行秀是以默照禪
所主張的心性思想來理解。所謂「理」，是指心的「寂知」功
能，「行」是指心的「照妙」功能。再加上曹洞宗特有的「五
位正偏」所展開的「回互照知」觀行，自然會對慧能的「本來
常淨，不假拂塵」評為具理而無行。雖然慧能透過般若空觀的
方法，已能體認有一湛然圓明之心體，本來具足，不需拂塵看
淨，但是慧能只提出對應神秀拂塵看淨說的看法，並未進一步
說明體得聖境後該如何？因此行秀批評慧能的「本來無一物」
是敵體對證，救弊之談。相反，行秀對神秀禪法的稱許並非是
對北宗禪法的認同，而是側重在「悟後起修」這點上。前面已
討論過，行秀曾以洞上「借功明位」來統合教中性修二門的修
行方法。行秀清楚的對「先悟後修」的修行方法說明是從聖入
凡階段，也就是從體起用的狀況。此一階段的修行，是基於宗
密所說的「隨緣不變之旨」而來。因此站在心具有「自性本
用」與「隨緣應用」二種照察功能，他判神秀雙眼圓明，慧能

---

❸ 同❼，頁505c。

只具一隻眼。❺❾雖然如是，行秀又進一步評論云：

> 大通且置，於大鑑眼上，萬松道箇瞎，又作麼
> 生？……瞎底雙眼圓明，具眼底祇具一半，不逢瞎漢
> 終難辨明。❻⓿

　　從行秀的評論，可以理解，行秀雖以自宗的立場稱許神
秀「悟後起修」的主張，但是對於如何體悟聖境，並不認同神
秀的觀心、觀淨方法，反而贊成慧能的般若掃相、空觀之法。
並且基於默照禪禪法的特質，認為內外緣慮泯除，心與心法才
能混融不二，照鑑萬物於無窮。所以行秀雖以「瞎」字來形容
慧能的悟境，卻說：「瞎底雙眼圓明」、「不逢瞎漢，終難辨
明。」而神秀的參禪方法，因不屬於般若掃相、空觀之法，因
此雖主張「悟後起修」，但就默照禪禪法的特質來看，祇具一
半。從上述的討論，又再一次證明，行秀對默照禪的認知是把
它定位於牛頭禪與荷澤禪之間的禪法。

# 第二節　行秀心性思想的特質

　　從上一節討論得知，行秀在心性論上，主張有一湛然圓明

---

❺❾ 同❺❼，萬松道：「到這裡返觀大鑑祇具一隻眼，原來盡大地是沙門一隻
　眼。又喚作把定乾坤眼，綿綿不漏絲毫，亦名頂門具金剛眼；大通雙眼圓
　明，似鋸解秤鎚，擘破虛空相似。」，頁506a。
❻⓿ 同❺❼，頁506a。

的心體，而此心體具有無窮的照妙功能。此心體所以有此照妙
功能，其立論依據就是「以無住本立一切法。」因為心體無所
依住，所以落實在現象世界中，則成為「真妄不二」與「理事
雙照」二特質。此二種特質實與行秀的悟道因緣有關，因此本
節就從行秀的悟道因緣以及真妄不二與理事雙照這兩方面來探
討行秀心性思想上的特質。

## 一、行秀的悟道因緣

　　依據《五燈會元續略》卷一載，行秀是參「長沙轉物語」
而悟道。❻《請益錄》第六十五則即是以「長沙轉物語」作為
拈頌、評唱主題。因此，此處就以《請益錄》第六十五則作為
行秀悟道因緣的主要討論依據。

　　首先對「長沙轉物語」公案作分析。原公案為：

　　　舉僧問長沙：「作麼生轉得山河大地歸自己去？」
　　　沙云：「作麼生轉自己歸山河大地去？」❻

　　前句「如何轉得山河大地歸自己去？」重點偏向於心的向
內把捉，向上提昇；後句「如何轉自己歸山河大地去？」重點
著重在泯除知慮，使心與萬物同化。簡單的說，前者強調吾心

---

❻ 《五燈會元續略》卷一載云：「參勝默老人，教看長沙轉自己歸山河大地
　　話，半載全無由入。默曰：『我只願你遲會。』一日有省，復看玄沙未徹
　　語，請益雪巖於磁之大明，纔二十七日，不覺伎倆已盡，留入記室，語言
　　相契，徑付衣偈。」《卍續藏》80冊，頁455 c 。
❻ 《請益錄》卷下，《卍續藏》67，頁490b。

即佛;後者強調三界唯心。而行秀對這「轉物話」的評唱,即是站在「三界唯心,萬法唯識」的立場出發。他說:

> 一大藏教,祇說箇三界唯心,萬法唯識。肇法師云:「會萬物為自己者,其唯聖人乎?」《楞嚴經》道:「若能轉物,即同如來。」……所以天童道:「不許人攙行奪市。」此轉物話,忝解教乘者亦皆知有,而飽參衲子卻不得受用,所以長沙卻與倒過道:「如何轉得自己歸山河大地去?」(中略)石頭和尚道:「聖人無己,靡所不己。」佛日堯於此大悟道:「頭上拈卻一座太行山相似。」❸

行秀引一經一論來註解此轉物話,重點在說明:「此轉物話,忝解教乘亦皆知有,而飽參衲子卻不得受用。」所謂「知有」,就是不僅要明白世間的貪、瞋、癡、煩惱、無明等皆屬生滅心,障礙人從生死輪迴中超脫;就是求佛、覓祖,乃至菩提、涅槃、善惡因果,亦是屬生滅心,生死輪迴之要因。換言之,對於稍解教意者,皆能了解宇宙萬事、萬象皆是由有情眾生的心識所變現出來的,它沒有真實的存在性。若能了解這一點,即能「轉得山河大地歸自己去」。可是飽參的禪僧卻不得受用。因為這句話,若以臨濟四料簡來看,則是屬於「奪境不奪人」的層次,而飽參的禪僧,雖然已經能夠不執著現象世界

---

❸ 同❷,頁490b-c。

的任一事物，但是尚存有己見，所以長沙與倒過云：「如何轉得自己歸山河大地去？」這是屬於「奪人不奪境」的層次，但是尚未真正徹悟。行秀在自述自己悟道經過時云：

> 萬松昔年參勝默，教看此話，半載全無入由。勝默曰：「我祇願汝遲會。」後來一日打破漆桶，歡喜數日，寢而不寐。勝默更將玄沙點靈雲未徹處教看，祇這歡喜地，猶成法愛。所以道：「忘他尚易，忘己最難。」❻❹

所謂「玄沙點靈雲未徹處」，是說無論是「奪境不奪人」，或「奪人不奪境」，皆屬人境法，尚未臻於人境交參，境智冥一之境。因此行秀評論宏智拈云：「雖然主賓互喚，要且泥水不分。……如今王令稍嚴，不許人攙行奪市。」是用四賓主批判這話，將四料揀顛拈倒用，轉見分明。天童末後人境俱奪，要與長沙光未發時相見。❻❺可見行秀亦認為，只有在內外緣慮泯除，心與心法混融不二時，湛然圓明的心體才能自然顯露。此時才可以算是真正的徹悟。而這也是宏智默照禪法的特質，前節已論證過，此處不再贅言。《宏智錄》卷四，吉祥上堂亦云：

> 身心一如，物我同體。不用轉山河大地歸自己；亦

---

❻❹ 同❻❷，頁490c。
❻❺ 同❻❹。

不用將自己作山河大地。如珠發光,光還自照。⑥⑥

此處再一次證明宏智的「默照禪」是介於牛頭禪與荷澤禪之間的禪法。所謂「身心一如」,是慧忠批評主張「形神對立」說的「南方宗旨」所提出的立論根據,⑥⑦可視為牛頭禪法的特質之一。換言之,透過「無心」的參究,使內外緣慮泯除,心境融通,境智冥一,身心一如時,湛然圓明的心體自能顯露。此心體如珠發光,光還自照。也就是前節所述,心具有「寂知」與「照妙」的功能。這也是行秀悟道的內容。因此他曾作偈說:

> 誰問山河轉?山河轉向誰?圓通無兩畔,法性本無歸。⑥⑧

從此偈可以了解行秀是以「無住本立一切法」作為其心性思想的立論根據。

## 二、真妄不二與理事雙照

行秀悟道的內容是心體無住,且具有「寂知」與「照妙」

---

⑥⑥ 《宏智錄》卷四,《大正藏》48冊,頁51b。

⑥⑦ 《從容錄》卷二,行秀舉忠國師謂南方客曰:「我此間佛性全不生滅,汝南方佛性半生半滅,半不生滅。」客曰:「如何區別?」師曰:「此則身心一如,心外無餘,所以全不生滅;汝南方身是無常,神性是常,所以半生半滅,半不生滅。」來說明其心性論之主張,《大正藏》48冊,頁240c-241a。此引文又見於《傳燈錄》卷28,《大正藏》51冊,頁438c。

⑥⑧ 同⑥④。

二功能。因此落實於現象世界中即成為「真妄不二」與「理事雙照」二特質。

## （一）真妄不二

無住心體湛然圓明，何以會產生妄念？行秀對此問題的看法，可以從《請益錄》第二則所載，他與全真道士的問答看出端倪。《請益錄》第二則云：

> 近日有全真道士，懇求教言道：「弟子三十餘年，打疊妄心不下。」萬松道：「我有四問，舉似全真輩，一問妄心有來多少時也？二問元來有妄心不？三問妄心作麼生斷？四問妄心斷即是？不斷即是？」⑲

從行秀反問全真道士的四問中，可以歸納成二個問題：1、元來有沒有妄心？2、妄心要如何斷？

第一箇問題，元來有沒有妄心？這是屬於根源性問題的探討，從「無住本立一切法」的立場來看，現象世界的一切事物，皆是依因待緣而有，其存在的方式是以「無住為本」。換言之，就是以無依止為本，由此無本為本便建立「無住為本」之概念，從而彰顯一切法（各種事物）均是從「無住本」而得以建立，一切事物皆是從無住之本而得以存在。而行秀在心性論上是依據「無住本立一切法」來立論，因此他認為不僅心體

---

⑲《請益錄》卷上，《卍續藏》67冊，頁462c。

無住，妄想心亦是無住，從而建立其「真妄不二」之理念。這可從《從容錄》第一百則，行秀評唱《楞嚴經》「清淨本然，云何忽生山河大地」❼⓿得到證明。

行秀舉宋子璿所集《首楞嚴義疏注經》卷四之一云：

　　說者云：「若解則已知覺體本妙，無明本空，山河大地如空花相；若惑則能所妄分，強覺俄起，三細為世，四輪成界。」❼❶

以及瑯琊云：

　　我則不然，「清淨本然，云何忽生山河大地？」此喚騎賊馬趂賊，奪賊槍殺賊。❼❷

作為其評唱之舉證，並批評云：「徐六檐板，各見一邊。」❼❸顯然行秀並不認同子璿與瑯琊的看法，因為子璿是從迷悟的立場出發。他認為若是悟的話，便能了解覺體本妙，

---

❼⓿《從容錄》卷六所載公案原文為：舉僧問瑯琊覺和尚：「清淨本然，云何忽生山河大地？」覺云：「清淨本然，云何忽生山河大地？」此「清淨本然，云何忽生山河大地？」原文出自《楞嚴經》，《大正藏》48冊，頁291c。

❼❶《從容錄》卷六，《大正藏》48冊，頁292a。此處所謂「說者」，即是指宋子璿。因為這段引文，是出自宋子璿所集《首楞嚴義疏注經》卷四之一，《大正藏》39冊，頁874a。

❼❷《從容錄》卷六，《大正藏》48冊，頁292a。

❼❸同❼❷。

妄心本空；若是迷的話，便有能所之對立，產生分別取捨之心；而行秀是從本無迷悟的立場出發，他認為分悟破迷，明來暗謝，智起惑亡，皆是途中事。《從容錄》第六十二則，他說：「功夫智識盡屬第二頭，及盡功夫，不可智知，始得少分相應。……功若不盡，如駢拇連無用之肉也。」❼❹以及《玄中銘》「靈木迢然，鳳無依倚」與「鶴不停機」作為不許戀坐之佐證。❼❺可見行秀是從「無住本」立場來看待迷悟問題。因此子璿雖能了解妄心本空，但仍執有迷悟之概念，這是另一種邊見；而瑯琊的「騎賊馬趕賊，奪賊槍殺賊」，則又空的過了頭，所以行秀批評二者是「徐六檐板，各見一邊。」可見行秀認為元來沒有妄心，妄心是無住的。

　　妄心即是無住、本無，人應如何對待妄心？《從容錄》第三十七則，行秀評論仰山舉召僧迴首擬議時節為喻來回答溈山所問：「業識茫茫，無本可據，子作麼生驗？」❼❻以及雲庵呼童子迴首，童子惘然而去為喻來回答僧問李通玄《華嚴論》中所云：「以無明住地煩惱，便為一切諸佛不動智」是何意旨？❼❼云：「雲庵、仰山勘僧驗人剗的如此，萬松見處即

---

❼❹ 《從容錄》卷四，《大正藏》48冊，頁266a。

❼❺ 同❼❹，頁266b。

❼❻ 《從容錄》卷三，原來公案為：舉溈山問仰山：「忽有人問：『一切眾生，但有業識茫茫，無本可據。』子作麼生驗？」仰云：「若有僧來，即召云：『某甲』，僧迴首，乃云『是甚麼？』待伊擬議，向道：『非唯業識茫茫，亦乃無本可據。』」溈云：「善哉！」《大正藏》48冊，頁252a。

❼❼ 同❼❻，原來公案為：僧問雲庵：「《華嚴論》以無明住地煩惱，便為一切諸佛不動智。理極深玄，絕難曉達。」庵曰：「此最分明，易可了解。」

不然。童子與僧徹底皆不動智。」❼❽雲庵、仰山皆以見聞覺知為業識茫茫，無明住地煩惱；而行秀認為見聞覺知不僅具為生死之因，亦具為解脫之本。因此他認為妄心無需斷，只要能「無心」應萬物，則迷與悟，真與妄皆無分別。《從容錄》第四十三則，他進一步評論巖頭以咄云：「是誰起滅？」來回答羅山所問：「起滅不停時如何？」❼❾云：

> 祖師西來，直指人心，見性成佛，豈是教爾普州人送賊，認奴作郎來。羅山問處，迷真執妄，巖頭咄處，即妄即真。若是萬松，咄了便休，真妄向上有事在。❽⓿

行秀認為巖頭咄了，還要問：「是誰起滅？」尚存有能所對立之概念，因此他說：「咄了便休，真妄向上有事在。」可見行秀認為真正的透悟，是在真妄不二的當下完成的，無須分悟破迷。

即然真妄不二，人如何達到此境地？行秀認為具體的作法就是要融通妄想，而不是除妄境，滅妄心。《從容錄》第三十二則，他以《楞嚴經》卷九所云：

---

時有童子方掃除，呼之迴首。庵指曰：「不是不動智。」雲庵卻問：「如何是汝佛性？」童左右視，惘然而去。庵曰：「不是住地煩惱。」
❼❽　《從容錄》卷三，《大正藏》48冊，頁252a。
❼❾　《從容錄》卷三，原來公案為：舉羅山問巖頭：「起滅不停時如何？」頭咄云：「是誰起滅？」《大正藏》48冊，頁254c。
❽⓿　同❼❾，頁255a。

　　若動念盡，浮想銷除，於覺明心，如去塵垢。一倫
　　生死，首尾圓照，名想陰盡，是人則能超煩惱濁。觀
　　其所由，融通妄想，以為其本。❽

　　來說明何以溈山會贊揚仰山夜半三昧次，不見山河大地，
寺宇人物，以至己身，全同空界，為融通妄想銷明之功。❽所
謂「動念盡，浮想銷除，於覺明心，如去塵垢」，是指內外緣
慮泯除，心體如虛空，無所依倚，湛然圓明，廓然獨照而不昏
昧之狀態。所謂「首尾圓照」，是指心處於真空妙有之狀態。
人若能融通妄想，使心處於真空妙有之狀態，則此人便能超煩
惱濁，首尾圓照。此處所云「首尾圓照」，是曹洞宗在觀行上
非常重要的概念。《從容錄》第六十六則，行秀對此概念有說
明，他說：

　　石霜九峰師也。示眾云：「初機未搆大事，先須識
　　取頭，其尾自至。」疎山出問：「如何是頭？」霜曰：
　　「直須知有。」疎曰：「如何是尾？」霜曰：「盡卻今
　　時。」疎曰：「有頭無尾時如何？」霜曰：「吐得黃金
　　堪作甚麼？」疎曰：「有尾無頭時如何？」霜曰：「猶

---

❽ 《從容錄》卷二，《大正藏》48冊，頁248c。考其原文出自《楞嚴經》卷
　9，《大正藏》19冊，頁149b。
❽ 《從容錄》卷二，行秀所舉原文為：仰山昔年僧堂前三昧次，夜半不見山
　河大地，寺宇人物，以至己身，全同空界。明晨舉似大溈，溈曰：「我在
　百丈時得此境，乃是融通妄想銷明之功。汝向後說法有人過者，無有是
　處。」《大正藏》48冊，頁248c。

有依倚在。」疎曰：「直得頭尾相稱時如何？」霜曰：「渠不作箇會解，亦未許渠在。」❽

　　從上述問答中，可以清楚的了解，曹洞宗所說的「頭」、「尾」，就是「知有」與「盡卻今時」。所謂「知有」，就是前面所說，無論菩提、涅槃、煩惱、無明、善惡因果，皆屬生滅心，皆是生死輪迴之要因，亦是解脫之依倚。因此，無須求佛覓祖，亦無須除幻境滅幻心，但「知有便得，不要免」❽。換言之，就是要能體悟「無住本而顯一心」，證悟到心的「寂知」功能，自能「知有」。《從容錄》第四十五則，行秀評論《圓覺經》「居一切時不起妄念，於諸妄心亦不息滅，住妄想境不加了知，於無了知不辨真實」云：

　　　　不起妄念，豈非焦芽敗種；不滅妄心，豈非養病喪軀；不假了知，豈非暫時不在，如同死人；不辨真實，豈非顢頇佛性，籠桶真如。……若要做個安樂快活底人，唯有干戈叢裡橫身直過，荊棘林中擺手便行，腳跟下無五色線，舌頭上無十字關，鼻端無泥痕，眼中無金屑。❽

---

❽ 《從容錄》卷四，《大正藏》48冊，頁268b。
❽ 曹山示眾云：「但是菩提、涅槃、煩惱、無明等總是，不要免，乃至世間粗重之事，但知有便得，不要免，免即同變易去也。乃至成佛、成祖、菩提、涅槃，此等殃禍為不小，因甚麼如此？只為變易，若不變易，直須觸處自由始得。」《曹山語錄》，《大正藏》47冊，頁530b-c。
❽ 《從容錄》卷三，《大正藏》48冊，頁256a。

　　行秀認為《圓覺經》所說的四句話，一般人認為是病，而行秀認為是悟道之良藥。其所持理由是，只要能無分別取捨之心，心境融通，境智冥一時，自能「知有」，此時心能不被現象世界的事物所牽動，自能「盡卻今時」，所以九峰會說：「先須記取頭，其尾自至。」若要「頭尾相稱」，須「渠不作箇會解，亦未許渠在。」也就是洞山所說的「半肯半不肯」❽，疎山所說的「肯諾不得全」❼。《從容錄》第七十五則，行秀對此觀行曾作進一步說明云：

> 　　百丈道：「靈光獨耀，迥脫根塵。」既肯則未脫根塵，拈卻肯路，根塵自空也。六根六塵既空，六識自歸覺海。凡物有圭角即不能圓轉，欲要活卓卓，無粘綴，無依倚，但向肯不肯處著眼，自然不住此岸，不

---

❽ 《會元》卷十三，「洞山章」載云：僧問：「和尚於雲巖處得何指示？」師曰：「雖在彼中，不蒙指示。」曰：「即不蒙指示，又用設齋作甚麼？」師曰：「爭敢違背他。」曰：「和尚初見南泉，為甚麼卻與雲巖設齋？」師曰：「我不重先師道德佛法，祇重他不為我說破。」曰：「和尚為先師設齋，還肯先師也無？」師曰：「半肯半不肯。」曰：「為甚麼不全肯？」師曰：「若全肯，即孤負先師也。」《卍續藏》80冊，頁261b。《從容錄》第四十九則，亦有相同記載。請參閱《大正藏》48冊，頁258b。

❼ 《會元》卷十三，「疎山匡仁章」，載云：香嚴上堂，僧問：「不求諸聖，不重己靈時如何？」嚴曰：「萬機休罷，千聖不攜。」師在眾作嘔聲，曰：「是何言歟？」嚴聞便下座：「適對此僧語，必有不是，致招師叔如是，未審過在甚麼處？」師曰：「萬機休罷，猶有物在。千聖不攜，亦從人得，如何無過？」嚴曰：「卻請師叔道。」師曰：「若教某甲道，須還師資禮始得。」嚴乃禮拜，躡前問。師曰：「何不道肯諾不得全。」嚴曰：「肯又肯箇甚麼？諾又諾於阿誰？」師曰：「肯即肯他千聖，諾即諾於己靈。」《卍續藏》80冊，頁268c-269a。《從容錄》第八十七則，亦有相同記載。請參閱《大正藏》48冊，頁283b-c。

住彼岸，不住中流。洞山所以半肯半不肯，疎山所以
肯諾不得全也。❽❽

　　顯然行秀是站在回互而照知的立場來詮釋「頭尾圓照」
的觀行。首先他認為在能所俱遣下，靈光獨耀的心體自能顯
露。心體雖能顯露，但仍有能所之對立，因此須進一步消解
能所之對立，使心達到無所依住之境，道果才算圓滿。這也是
洞山所說「半肯半不肯」，疎山「肯諾不得全」之真實意旨。
無怪乎，忽骨谷快天會說行秀「真妄不二」之教說，不違洞山
之旨。

## （二）理事雙照

　　無住心體，落實在現象世界中的另一特質，就是「理事雙
照」。此「理事雙照」是對應觀行而說的。依據《從容錄》第
五十八則，《六祖口訣》云：

　　佛言持經之人，合得一切人恭敬供養。為多生有重
業障故，今生雖持此經，常被人輕賤，不得敬養。自
以持經故，不起我人等相，不問冤親，常行恭敬，有
犯不校。常修般若波羅蜜，歷劫重罪悉皆消滅。又約
理而言，先世即是前念妄心，今世即是後念覺心。以
後念覺心，輕賤前念妄心，妄不能住，故云：「先世
罪業即為消滅。」妄念既滅，罪業不成，即得菩提。

此理事二解，皆約觀行也。❽

　　從上述引文，可以了解慧能談理事，也是從觀行立場出
發。他認為在事觀上，應以般若的無分別智慧來觀照現象世界
中的事物；在理觀上，主張以空的概念來消解實體性的執持。
前者是以般若智為主體，並以此主體來體證、契合無分別之真
如實相；後者是屬般若智觀的具體內容，重點在破解人對外境
的執著。透過這樣的主客雙重排遣，則靈光獨耀的心體，自能
迥出根塵，照鑑萬物而不昏昧。因此行秀說，此理事二解，皆
約觀行。若以曹洞宗的說法，就是前面所說的「頭尾圓照」之
觀行，行秀稱此觀行為「理事雙照」。

　　理事如何雙照？依據曹洞宗觀行三綱要❾來看，必須事中
隱理，理中隱事，理事兼備，理事不涉，坐斷兩頭才算完成觀
行內容。《請益錄》第十四則行秀評論睦州示眾云：

　　　睦州示眾云：「裂開也在我，捏聚也在我。」諸方
　　道：「把定真金失色，放行瓦礫生光。」謂之有擒有
　　縱，能殺能活，洞上宗風斥為話作兩橛，決針斷線。
　　不見道：「恁麼相續也大難，直須當存而正泯，在卷

---

❽ 《從容錄》卷四，《大正藏》48冊，頁263c。
❾ 依據三山來《五家宗旨纂要》卷中云：「洞宗三綱要為：一敲唱俱行：即
　事理兼備，偏正俱行；二金鎖玄路：即事中隱理，理中隱事，偏中有正，
　正中有偏，理事圓融，正偏不二，交羅無礙，妙應無窮；三不墮凡聖：坐
　斷兩頭，事理不涉，不立玄妙，不落有無，應物利生，得大自在，一切影
　象依倚，一齊打脫。」《卍續藏》65冊，頁272b-c。

> 而亦舒,鉤鎖連環,謂之血脈不斷,然後雙遮雙照,
> 更有遮照同時,遮照不立,直得帝網交羅重重無盡,
> 始是圓頓一乘。」❶

顯然行秀認為,睦州雖能收放自如,但大有被他人使喚之嫌,與俱胝一指頭禪一樣,誤將隨緣應用作自體用般。❷因此,行秀認為以洞上宗風來看,睦州雖能殺能活,有擒有縱,但是決針斷線,話作兩橛;若要血脈相續,必須「遮照同時,遮照不立」,從理事兼備,理事不涉的立場來看待一切現象世界的事事物物,不能僅從單方面的事或理的角度去認識現象世界。《從容錄》第八十四則,行秀對嘉山來以手指鐵牛和尚塔而悟道,以及國泰深禪師豎起一指拈卻三行咒評論云:「雖是承擔莽鹵,要且不借旁來。」❸和「假令患狀殊,先須療其本。」❹顯然行秀是站在心具有「自性本用」(寂知)與「隨緣應用」(照妙)二種照察功能來評斷此二事,主張在實踐上

---

❶ 《請益錄》卷上,《卍續藏》67冊,頁468b-c。

❷ 《請益錄》卷下,第六十八則載,行秀云:「俱胝一指頭禪,蓋為承當處不諦。圭峰判此有自體用,有隨緣應用。自體用,如鏡之明,隨緣應用如明所現影。俱胝將隨緣應用作自體用。」《卍續藏》67冊,頁492b。

❸ 《從容錄》卷六,行秀舉嘉山來禪師,在鎮府西天寧,人問:「鐵牛和尚塔何在?」山以手指之,忽然省發,乃成頌云:「鐵牛!鐵牛!更莫別求,有人問我,豎起指頭。」萬松道:「雖是承當莽鹵,要且不借旁來。」《大正藏》48冊,頁281a-b。

❹ 《從容錄》卷六,行秀又舉明招獨眼龍問國泰深禪師:「古人道,俱祇只念三行咒,便得名超一切人。作麼生拈卻三行咒?」泰豎起一指。招云:「不因今日,爭識得這瓜州客。」萬松道:「假令患狀殊,先須療其本。」《大正藏》48冊,頁281b。

必須理事雙照，同時彰顯。因此對《參同契》所云：「承言須
會宗，勿自立規矩。」評論云：「夜深認得來時路，不待天明
便出關。」❾⑤可見行秀對《參同契》的運用與石頭原意稍有不
同。雖然同樣站在「回互」的立場立論，但在詮釋運用上稍有
不同。行秀是站在曹洞宗「回互而照知」的特有觀行立場來詮
釋《參同契》；石頭則是帶著調和、融會南北兩宗立場，以及
因針砭當時普遍流行的不看經、不坐禪、喝佛罵祖的禪風潮流
而作《參同契》。可見行秀對《參同契》的運用，不只是在思
想上的繼承而已，反而在觀行上作了更深層的發揮。

　　若從回互而照知的立場來看「理事雙照」的觀行，則行
秀認為在事上必須涵蓋相合，在理上則應箭鋒相拄。因為「涵
蓋相合，線道那分；箭鋒相拄，豪頭不爽。」❾⑥因此，《請益
錄》第四十六則行秀評論石頭《參同契》「門門一切境，回互
不回互，回而更相涉，不爾依位住。」時云：

　　　僧問雲門：「如何是一切智智清淨？」此問出《大
　　般若》初分「難信解品」八十餘科，若一切智智清
　　淨，更互相涉，無二無二分，無別無斷故。雲門答
　　云：「僧堂走入佛殿裡去也。」雲門常用此機，人多
　　難解。萬松頌出「佛殿入燈籠，牛皮鞔露柱，無二無
　　二分，無別無斷故。」天童要與石頭、雲門把臂共

----

❾⑤ 《參同契》云：「承言須會宗，勿自立規矩。」可謂夜深認得來時路，不
　　待天明便出關。《大正藏》48冊，頁281b。
❾⑥ 《請益錄》卷下，《卍續藏》67冊，頁486b-c。

行，直須恁麼，始解不恁麼。正是回互不回互，喚甚
麼作板頭時節？又道然後沒交涉，不爾依位住。這箇
是板頭時節，此喚作決龍蛇陣。❾

此處所云「一切智智清淨」，行秀雖清楚的指出源自於
《大般若經》，但他卻以曹洞宗特有的「回互而照知」的觀行
來詮釋，認為當心體湛然圓明，朗朗獨照時，自能境智冥一，
超越一切能所對立現象，而達到事理圓融，相即不二之境。因
此站在「回互」的立場，即無所謂「僧堂」、「佛殿」、「燈
籠」、「牛皮」、「露柱」之別；若站在「回互不回互」的立
場觀之，則須先了解「恁麼」，才能了解「不恁麼」，也就是
前面所說先「知有」之後，始能「盡卻今時」，而達到「頭尾
圓照」之觀行。在此，行秀巧妙的將曹洞宗「回互而照知」的
觀行與石頭希遷的《參同契》思想連結起來，作為其「理事雙
照」的論證。不同的是，石頭《參同契》是以帶著警告的教導
式口吻宣說其「回互」思想，理論多過觀行❽；行秀則是側重
在曹洞宗特有的「回互而照知」的觀行上來論說。

理事雙照如何落實於實踐？《請益錄》第九十六則載：

萬松嘗教人看：「至道無難，唯嫌揀擇。誰教你揀

---

❾ 《請益錄》卷上，《卍續藏》67冊，頁482c。
❽ 石頭在《參同契》裡有云：「事存涵蓋合，理應箭鋒拄。承言須會宗，
勿自立規矩。觸目不會道，運足焉知路。進步非近遠，迷隔山河固。謹
白參玄人，光陰莫虛度。」《景德傳燈錄》卷三十，《大正藏》51冊，頁
459b。可見石頭「回互」思想帶有教導與警告的意味。

擇？」僧云：「三祖道：『但不憎愛，洞然明白』，卻
道『唯嫌揀擇』。三祖當時下箇『嫌』字，自憎愛了
也。」萬松道：「許上座眼明，如何免得憎愛？」僧參
久不見，就萬松請益。萬松道：「上座！汝纔擬免時，
早揀擇憎愛了也。」僧云：「恁麼則放下免心，洞然明
白也。」萬松道：「汝嫌免心愛明白，展（輾）轉揀擇
憎愛了也。」僧禮不已云：「乞師指示。」萬松道：
「諸方到此，正是棒喝時節，萬松即不然。」僧云：
「未審尊意如何？」萬松道：「揀擇妨甚事，你免他作
麼？」僧禮謝云：「原來卻在這裡。」❾❾

　　從行秀的教示來看，三祖所言「洞然明白」，當然是指
已悟之聖境，屬於本體界。以曹洞宗觀行來看，就是前面所言
「寂知」、「知有」之悟境；「揀擇」指的就是凡夫界的分
別、取捨之心，屬於現象界。就曹洞宗觀行來說，此時正是需
要「盡卻今時」之時，這僧不懂回互，卻落入另一種揀擇裡，
因此行秀進一步指出：「汝但河裡失錢河裡漉，不可離了揀擇
憎愛，別有洞然明白也。」❿這種即事而真的參禪方法，也就
是行秀所主張的「要參活句，不參死句」的禪法。
　　何謂參活句，不參死句？有關這問題下一章會詳細論述，
此處僅簡單的說明，就是行秀所說：「雖明劫外機，不壞世間

❾❾《請益錄》卷下，《卍續藏》67冊，頁503b-c。
❿《請益錄》卷下，《卍續藏》67冊，頁503c。

相。」⑩基於此觀點，行秀主張參禪悟道，不單是默然靜坐的參究，而是要在日常的吃飯、煎茶、把針、掃地中，體悟心體的湛然圓明，如此便能世法、佛法打成一片。這也就是磁州所說的：「爾但行裡、坐裡、心念未起時，猛提起覷見，即便見不見，且卻拈放一邊，恁麼做功夫，休歇也不礙參學，參學也不礙休歇。」⑩可見行秀所說的「理事雙照」，事實上就是「真妄不二」的再延伸。

　　從上面的討論，可以知道行秀在心性思想上，基本上仍承襲宏智的觀點，從無住本來立論。他主張「真妄不二」，其實就是宏智所強調的不說悟；他談「理事雙照」，其實就是宏智所主張的修證不二。因此在說法上，行秀與宏智所用的詞彙雖然不同，但是在實質內容上是相同的。

---

⑩ 《請益錄》四十五則載，萬松曾教人看白水本仁禪師上堂話云：「老僧尋常不欲向聲前句後鼓弄人家男女，何故？聲不是聲，色不是色。」僧問：「如何是聲不是聲？」水曰：「喚作色得麼？」僧曰：「如何是色不是色？」水曰：「喚作聲得麼？」僧作禮。水曰：「且道，為汝說，答汝話。若人辨得，有個入處。」……此話「雖明劫外機，不壞世間相」，所以道他「參活句，不參死句」。《請益錄》卷上，《卍續藏》67冊，頁482a。
⑩ 《從容錄》卷二，《大正藏》48冊，頁240a。

# 第五章　行秀與五家禪法

　　依據耶律楚材《萬松老人萬壽語錄》序說，行秀在禪法上，兼具五家之長，並且能靈活運用於教學上，耶律楚材云：

　　余忝侍萬松老師，謬承子印，因遍閱諸派宗旨，各有所長，利出害隨，法當爾耳。雲門之宗，悟者得之於緊俏，迷者失之於識情；臨濟之宗，明者得之於峻拔，昧者失之於莽鹵；曹洞之宗，智者得之于綿密，愚者失之於廉纖。獨萬松老人得大自在三昧，決擇玄微，全曹洞之血脉，判斷語緣具雲門之善巧，拈提公案備臨濟之機鋒，為（溈）仰、法眼之爐鞴兼而有之，使學人不墮於識情、莽鹵、廉纖之病，真世間之宗師也。❶

　　從耶律楚材的敘述，可以了解五家禪法各有其利弊得失，若非真正透悟者，很難恰如其分的掌握其竅門，往往易流於矯枉過正。例如悟得雲門禪法的人，便能掌握其緊俏的禪風，若未悟之人，則易墮於識情；體得臨濟禪法的人，便能掌控其峻拔的禪風，若是不了解臨濟禪法的人，則易流於粗暴；證得曹

---

❶《湛然居士文集》卷十三（以下簡稱文集）所收〈萬松老人萬壽語錄序〉。《四部叢刊・集部》65冊，台灣商務印書館，頁138。

洞禪法的人，便能把握其綿密的禪風，若是愚昧不覺的人，則易流於托泥帶水。而行秀在耶律楚材眼中，是已經得大自在三昧的人，因此能夠兼具雲門之善巧，臨濟之機鋒，曹洞之血脉，以及潙仰、法眼禪法之精髓。所以耶律楚材推崇其禪法是：機鋒罔測，變化無窮，巍巍然若萬仞峯，莫可攀仰；滔滔然若萬頃波，莫能涯際。瞻之在前，忽焉在後。❷

　　行秀如何會通五家禪法，並靈活運用在他的教學上？本章就從兩方面來討論：一、《從容錄》中所見的五家禪法，二、行秀對五家禪法的運用。

# 第一節　《從容錄》中所見的五家禪法

　　前面第三章思想結構分析處已討論過，《從容錄》古則在取材上是五家皆舉，因此在討論行秀對五家禪法運用前，先對《從容錄》中所呈現的五家禪法進行綜合整理，並詳加分析與比較。

## 一、雲門宗

　　《從容錄》對雲門宗禪法的介紹，在宏智所挑選的古則中

---

❷ 《從容錄》〈耶律楚材序〉云：「以湛然居士從源目之，其參學之際，機鋒罔測，變化無窮，巍巍然若萬仞峯，莫可攀仰；滔滔然若萬頃波，莫能涯際。瞻之在前，忽焉在後。」《大正藏》48冊，頁226b。以及《文集》卷八所收〈萬松老人評唱天童覺和尚頌古從容菴錄序〉。《四部叢刊·集部》65冊，台灣商務印書館，頁86。

有十三則，行秀作評唱時，也於九處討論文偃的禪法。到底雲門宗的宗風是什麼？行秀如何看待雲門宗？

行秀是從歷史層面與悟道觀行兩箇角度來討論雲門宗的宗風。首先就歷史層面來看雲門宗宗風的形成。行秀於《從容錄》第七十六則指出，雲門三句創始者是百丈大智，立論根源是悟自《金剛經》的「法非法非非法」之般若思考模式。行秀說：

> 三句之作始於百丈大智，宗於《金剛》、《般若》。丈云：「夫教語皆三句相連，初中後善。初直須教渠發善心，中破善心，後始名好善。則菩薩即非菩薩，是名菩薩，法非法非非非。總恁麼也，若只說一句，令眾生入地獄，若三句一時說，渠自入地獄，不干教主事。說道如今鑒覺是自己佛是初善，不守住如今鑒覺是中善，亦不作不守住知解是後善。」❸

從前面引述中，可以了解雲門三句創始於百丈，並且將般若經教中雙邊否定的方法運用於禪悟觀行上。換言之，就是透過遮詮的方法來排遣、消解各種執著，進而達到不捨不著，無所依住的境地。由此可知，百丈禪法的精髓是「如今鑒覺獨脫無依」。具體的說，頓悟須在一念間打破一切束縛，使心在當下的鑒覺中，直接體得無所依住，而後歸於不假功用的寂照境

---

❸《從容錄》卷五，《大正藏》48冊，頁275a。關於百丈之語，可參閱《百丈廣錄》，收錄於《四家語錄》卷三，《禪宗全書》39冊，頁84。

界。雲門承襲此種逼拶直入的禪風云：

> 天中函蓋乾坤，目機銖兩不涉春緣，作麼生承當？
> 自代云：「一鏃破三關。」❹

此處雖有「一句明三句，三句明一句，三一不相涉」之意，但還沒有具體的建立三句語，直到鼎州德山第九世圓明大師緣密上堂云：

> 德山有三句語，一句函蓋乾坤，一句隨波逐浪，一
> 句截斷眾流。❺

至此，三句語才告完成，成為雲門宗的獨特宗風，後來鼎州普安山道禪師又作頌註釋。

行秀所以詳述雲門三句歷史淵源，主要是為了澄清當時一些人的誤解，以為三句頌是雲門所作。他說：

> 三句外，當人如舉唱，三句豈能該。有問如何事？
> 南嶽與天台，往往指此頌為雲門所作，此皆看閱之不
> 審也。道嗣德山密，密嗣雲門，雲門雖有天中函蓋，
> 一鏃三關之語，因密公拈出，道公頌之，祖述三世，
> 而三句始明。此與大陽三句，三玄三要，大同小異。❻

---

❹同❸。
❺同❸。

　　行秀除了提出對三句頌的校正外，亦提出雲門三句與大陽三句❼及臨濟三玄三要❽大同小異看法。大陽三句與臨濟三玄三要皆是接引學人的教學方法。因此，若單從教學方法來看，則雲門、臨濟、曹洞三宗大同小異；若就宗風來看，則臨濟與雲門較相似。雲門教人不要在自家意識上弄光影，而提出「光不透脫，只為目前有物是病」❾。換言之，雲門的宗風是在一念鑒覺，逼拶之中，徹底透徹無依。這和臨濟教人要直下「識

---

❻ 同❸，頁275b。

❼ 《五家宗旨纂要》卷中載云：太（大）陽玄三句，就是一平常無生句，二妙玄無私句，三體明無盡句。所謂「平常無生句」是說，須知此句要通一路，通得如獅子嚬呻；「妙玄無私句」是說，須知此句無賓主，通得如獅子返擲；「體明無盡句」是說，須知此句兼帶去，通得如獅子踞地。《卍續藏》65冊，頁275a。

❽ 《人天眼目》卷一載：「師云（臨濟）：『大凡演唱宗乘，一語須具三玄門，一玄門須具三要，有權有實，有照有用，汝等諸人作麼生會？』」《大正藏》48冊，頁302a。以及《鎮州臨濟慧照禪師語錄》臨濟上堂，僧問：「如何是第一句？」師云：「三要印開朱點側，未容擬議主賓分。」問：「如何是第二句？」師云：「妙解豈容無著問，漚和爭負截流機。」問：「如何是第三句？」師云：「看取棚頭弄傀儡，抽牽都來裡有人。」師又云：「一句語須具三玄門，一玄門須具三要，有權有用，汝等諸人作麼生會？下座。」《大正藏》47冊，頁497a。

❾ 古則公案原文為「舉：雲門大師云：光不透脫有兩般病，一切處不明，面前有物是一，透得一切法空，隱隱地似有箇物相似，亦是光不透脫。」行秀進一步評論云：前一句「一切處不明，面前有物是一」正如洞山所云：「分明覷面別無真，爭奈迷頭還認影，若具把定乾坤眼，綿綿不漏絲毫，方得少分相應。」至於後一句「透得一切法空，隱隱地似有箇物相似，亦是光不透脫。」則如溈山所云：無一法可當情，見猶在境。又舉《楞嚴經》所云：「縱滅一切見聞覺知，內守幽閑，猶為法塵分別影事」。來說明此「光不透脫，只為目前有物是病」的原因，而教人不要在自家意識上弄光影。見《從容錄》卷一，《大正藏》48冊，頁234a。

取弄影人」❿相似，兩者皆是在逼拶念頭下，瞬間的鑒覺上頓悟；而曹洞宗則是側重在具宗門見地，教人頓悟知有此事。於悟得宗旨後，又要對其觀行過程有所認識，能在觀行過程中保任受用。因此，在表現上屬親切綿密的風格，不似臨濟、雲門的峻烈。

再從悟道觀行這層面來看，宏智所挑選的古則中，有八則是直接表現雲門宗風的公案，有六則是雲門評論別人公案的古則。就直接表現雲門宗風的八則公案來看，有四則是在彰顯雲門常用的一句透三關的教學方法。此四則公案分別為第十九則、第三十一則、第七十八則及第九十九則。公案原文分別如下：

僧問雲門：「不起一念還有過也無？」門云：「須彌山。」❶

雲門垂語云：「古佛與露柱相交是第幾機？」眾無語。自代云：「南山起雲，北山下雨。」❷

---

❿ 臨濟云：「大德！三界無安猶如火宅，此不是爾久停住處，無常殺鬼一剎那間不揀貴賤老少，爾要與祖佛不別，但莫外求，爾一念心上清淨光，是爾屋裡法身佛，爾一念心上無分別光，是爾屋裡報身佛，爾一念心上無差別光，是爾屋裡化身佛。此三種身是爾即今目前聽法底人，祇為不向外馳求，有此功用。………此三種身是名言，亦是三種依。古人云：『身依義立，士據體論。』法性身、法性士，明知是光影，大德！爾且識取弄光影底人，是諸佛之本源。」見《鎮州臨濟慧照禪師語錄》，《大正藏》47冊，頁497b。

❶《從容錄》卷二，《大正藏》48冊，頁239b。

　　僧問雲門：「如何是超佛越祖之談？」門云：「餬餅。」❸

　　僧問雲門：「如何是塵塵三昧？」門云：「鉢裡飯，桶裡水。」❹

　　從前面所舉這些公案來看，顯然所謂「一句」是說當學生問雲門佛法時，他常以一句話或一個字回答，而這一字或一句，從表面上來看，與臨濟宗之「棒」、「喝」一樣，都是截斷觀念，直指真心。若深一層探究，則雲門的每一字、每一句必須透三關。換言之，雖然是簡短的一個字、一句話，卻包含了三重意義：涵蓋乾坤、截斷眾流和隨波逐浪；而臨濟的「棒」、「喝」，雖然也是千變萬化❺，但是不見得每一「棒」、

---

❷《從容錄》卷二，《大正藏》48冊，頁248a。
❸《從容錄》卷五，《大正藏》48冊，頁277b。
❹《從容錄》卷六，《大正藏》48冊，頁291b。
❺《鎮州臨濟慧照禪師語錄》載云：師（臨濟）問僧：「有時一喝如金剛王寶劍，有時一喝如踞地金毛師子，有時一喝如探竿影草，有時一喝不作一喝用，汝作麼生會？」僧擬議，師便喝。《大正藏》47冊，頁504a。又《五家宗旨纂要》卷上，三山來進一步解釋云：「『有時一喝如金剛王寶劍』是說，言其手段快利難當，若遇學人纏腳縛手，葛藤延蔓，情見不忘，便與當頭截斷，不容粘搭，若稍涉思惟，未免喪身失命也；『有時一喝如踞地獅子』是說，獅子不居窟穴，不立窠臼，威雄蹲踞，毫無依倚，一聲哮吼，群獸腦裂，無你挨拶處，無你迴避處，稍犯當頭，便落牙爪，如香象奔波，無有當者；『有時一喝如探竿影草』是說，就一喝之中具有二用，探則（測）勘驗學人見地若何，如以竿探水之深淺，故曰探竿在手，即此一喝，不容窺測，無可摹擬，不待別行一路，已自隱跡，迷蹤欺瞞做賊，故曰影草隨身；『有時一喝不作一喝用』是說，此一

「喝」皆具三重意義，因此與雲門一句透三關稍有不同。

　　雲門禪學思想核心在「任心自在，強調心中無事。」**⑯**無

---

喝千變萬化，無有端倪，喚作金剛寶劍亦得，喚作踞地獅子亦得，喚作探竿影草亦得，如神龍出沒，舒卷異常，迎之不見其首，隨之不見其尾，佛祖難窺，鬼神莫覷，意雖在一喝之中，而實出一喝之外，此四喝中之最玄最妙者。」《卍續藏》65冊，頁258a。另《五家宗旨纂要》卷上，三山來亦對臨濟宗八棒作進一步解釋云：「『一觸令支玄棒』是說，如宗師置下一令，學人不知迴避，觸犯當頭，支離玄旨，宗師便打，此是罰棒；『二接機從正棒』是說，如宗師應接學人，順其來機，當打而打，謂之從正，此不在賞罰之類；『三靠玄傷正棒』是說，如學人來見，宗師專務奇特造作，倚靠玄妙，反傷正理，宗師直下便打，不肯放過，此亦是罰棒；『四印順宗旨棒』是說，如學人相見，宗師拈示宗旨，彼能領會，答得相應，宗師便打，此是印證來機，名為賞棒；『五取驗虛實棒』是說，如學人纔到，宗師便打，或進有語句，宗師亦打，此是辨驗學人虛實，看他有見無見，亦不在賞罰之類；『六盲枷瞎棒』是說，如宗師接待學人，不辨學人來機，一味亂打，眼裡無珠，謂之盲瞎，此師家之過，不干學人事；『七苦責愚癡棒』是說，如學人於此事不曾分曉，其資質見地十分癡愚，不堪策進，宗師免強打他，是謂苦責愚癡，亦不在賞罰之類；『八掃除凡聖棒』是說，如宗師家接待往來，不落廉纖，不容擬議，將彼凡情聖解，一竝掃除，道得也打，道不得也打，道得道不得也打，直令學人斷却命根，不存枝葉，乃上上提持，八棒中之用得最妙者，此則名為正棒。」《卍續藏》65冊，頁260b。

**⑯** 《雲門匡真禪師廣錄》卷中載云：（雲門）示眾云：「直得觸目無滯，達得名身、句身一切法空。山河大地是名，名亦不可得，喚作三昧性海俱備，猶是無風匝匝之波，直得忘知於覺，覺即佛性矣！喚作無事人，更須知有向上一竅在。」《大正藏》47冊，頁559a-b。《景德傳燈錄》卷十九亦載云：（雲門）上堂云：「我事不獲已，向爾諸人道直下無事，早是相埋沒了也！爾諸人更擬進步，向前尋言逐句求覓解會，千差萬巧廣設問難，只是贏得一場口滑，去道轉遠，有什麼休歇時。………以此故知，一切有心天地懸殊，雖然如此，若是得底人，道火不可燒口，終日說事不曾掛著脣齒，未曾道著一字，終日著衣喫飯，未嘗觸一粒米，掛一縷線，雖然如此，猶是門庭之說也，須實得恁麼始得。」《大正藏》51冊，頁356c。

所依住的體現。《從容錄》關於雲門禪學思想的討論有三則，即第十一則、第八十二則及第九十二則。公案原文分別如下：

> 雲門大師云：「光不透脫有兩般病，一切處不明，面前有物是一，透得一切法空，隱隱地似有箇物相似，亦是光不透脫。又法身亦有兩般病，得到法身為法執不忘，己見猶存，墮在法身邊是一，直饒透得，放過即不可，子細點檢將來，有甚麼氣息？亦是病。」❶

> 雲門示眾云：「聞聲悟道，見色明心，觀世音菩薩將錢來買餬餅，放下手卻是饅頭。」❶

> 雲門大師云：「乾坤之內，宇宙之間，中有一寶，祕在形山，拈燈籠向佛殿裡，將三門來燈籠上。」❶

這三則可以視為雲門對頓悟真諦之主張，強調當下的鑒覺，不被一切有無諸境之法所繫縛，主張超情離見，人境交參。

雲門宗宗風的特色在於緊俏，缺點在於易惹人識情。行秀認為「以識情遣識情，非大手段為人，不能搆副。」❶《從容

---

❶ 《從容錄》卷一，《大正藏》48冊，頁234a。
❶ 《從容錄》卷六，《大正藏》48冊，頁280a。
❶ 《從容錄》卷六，《大正藏》48冊，頁286c。
❶ 《從容錄》卷二，《大正藏》48冊，頁239b。

錄》第四十則所展現的正是行秀所言「以識情遣識情」之接機
手法。原文如下：

> 舉雲門問乾峰，請師答話。峰云：「到老僧也
> 未？」門云：「恁麼別，某甲在遲也。」峰云：「恁
> 麼那！恁麼那！」門云：「將謂侯白，更有侯黑。」❷

　　顯然雲門問話早含答語，而他卻要乾峰回答，乾峰只好以
反問代替回答說：「輪到我了嗎？」雲門一聽，故意誣陷說：
「這麼動念；你已輸了。」乾峰不服氣大叫說：「這樣子嗎？
這樣子嗎？」正是以識情遣識情。雲門只好讚賞的說：「將謂
侯白，更有侯黑。」可見「以識情遣識情」是此宗教學方法上
的特色。

## 二、臨濟宗

　　《從容錄》中所舉揚的臨濟宗禪法，是以介紹臨濟悟道因
緣及其頓悟觀行兩方面為主。就古則方面來看，宏智挑撰了五
則，行秀作評唱時，引用臨濟語計有十四次。行秀眼中的臨濟
禪法是什麼？此處就從臨濟悟道因緣中所涉及的頓悟觀行進行
討論。
　　首先就臨濟悟道因緣來看，《從容錄》第八十六則即是以
臨濟悟道因緣作為公案命題。公案原文如下：

---

❷《從容錄》卷三，《大正藏》48冊，頁253b。

　　舉臨濟問黃蘗：「如何是佛法的的大意？」蘗便打，如是三度，乃辭蘗見大愚，愚問：「甚麼處來？」濟云：「黃蘗來。」愚云：「黃蘗有何言句？」濟云：「某甲三問佛法的的大意，三度喫棒，不知有過無過？」愚云：「黃蘗恁麼老婆為爾得徹困，更來問有過無過。」濟於言下大悟。❷❷

　　此處公案只舉一半，行秀於評唱時，將後半段公案補上云：

　　本錄悟後便云：「元來佛法無多子。」愚云：「這尿床鬼，適來問有過無過，而今又道佛法無多子，是多少來？」搊住云：「道！道！」濟於大愚脇下築三拳，愚托開云：「汝師黃蘗，非干我事。」濟返黃蘗，蘗問：「來來去去有甚了期？」濟云：「只為老婆心切。」遂舉前話，蘗云：「這大愚老漢饒舌，待見與打一頓。」濟云：「說甚待見，即今便打。」遂與黃蘗一掌，蘗吟吟笑云：「這風顛漢來這裡捋虎鬚。」濟便喝。蘗云：「侍者引這風顛漢參堂去。」❷❸

　　這段公案，前半段在敘述臨濟悟道因緣，後半段所展現

---

❷❷《從容錄》卷六，《大正藏》48冊，頁282c。
❷❸《從容錄》卷六，《大正藏》48冊，頁282c-283a。

的是臨濟悟後對黃蘗禪法的運用。從臨濟悟道因緣，可以了解臨濟悟道經過是，在外有黃蘗的三度棒，在內有大愚堵絕其有過無過之問。臨濟就是在黃蘗與大愚內外挾殺中頓悟佛法大意的。這種內外逼拶念頭，於絕路上忽然頓悟的觀行功夫，是在無求無得，忽悟的狀況下產生。單就此點來看，與宏智所主張須透過內外緣慮泯除，湛然圓明的心體才能自然顯露相似，不同的是，曹洞宗強調「迴機轉位」的參禪方法；臨濟只要徹底無依解轉身即成，無須轉位轉功。因此，行秀說：「徹底無依解轉身乃濟下事，非轉位轉功全同也。」❷❹所以逼拶念頭的頓悟觀行方法，遂成為臨濟宗特殊宗風。

再則，從臨濟悟後對黃蘗禪法的運用來看，臨濟所展現的禪風，不同於一般記憶停思，落入知解，或捏合意識的情見，而是於大悟後，在現起觀照中展開「棒」、「喝」的接機手法。因此，宏智形容臨濟的一掌一喝如「九包之鶵，千里之駒。」❷❺行秀更進一步評唱云：

> 宏智所說：「九包之鶵，千里之駒。」此喻臨濟之神俊，一日千里也，纔悟便解真機大用。………天童指似于人，令參學人體取全機大用，當仁不讓，喚作衲僧巴鼻。❷❻

---

❷❹《從容錄》卷三，《大正藏》48冊，頁251a。
❷❺《從容錄》卷六，《大正藏》48冊，頁283a。
❷❻《從容錄》卷六，《大正藏》48冊，頁283a-b。

　　臨濟這種全機大用的接機手法，除了棒、喝外，並用四料簡的「奪」來表現。《從容錄》第九十五則行秀云：

　　　臨濟有時奪人不奪境，有時人境兩俱奪。若遇其中人，便全體作用，此臨濟格調最高處也。手上出來手上打，眼上出來眼上打，四方八面來旋風打。❷

　　從行秀的評唱，可以理解臨濟宗風的嚴峻激烈。前面所言臨濟四料簡：奪人不奪境，奪境不奪人，人境兩俱奪，人境俱不奪。若以方法論來看，所謂四料簡是按照學人根器之不同，而分別接引的四種技巧；若以思想來論，則只有兩箇層次。前面三者，無論奪人也好，奪境也好，都是要走向人境俱奪，然後透過人境俱奪的瞬間，也就是心物俱泯時，能夠人境俱不奪，靈心自現。這也是臨濟在黃蘗、大愚處所悟得的頓悟觀行法。因此，行秀說：「若遇其中人，便全體作用，此臨濟格調最高處也。」這裡所說的「其中人」，就是臨濟所說的「無位真人」。而這「無位真人」的具體表現在於具有廣被性，能夠通貫十方。《從容錄》第三十八則，行秀引《臨濟廣語》云：

　　　五蘊身田內，有無位真人，堂堂顯露無絲髮許間隔，何不識取心法無形，通貫十方。❷

---

❷《從容錄》卷六，《大正藏》48冊，頁289a。
❷《從容錄》卷三，《大正藏》48冊，頁252c。

　　無位真人既是無形無相，無位真人如何繼承道業？行秀在
「臨濟囑三聖不得滅卻吾正法眼藏」處示眾云：

　　　　一向為人不知有己，直須盡法，不管無民。㉙

又《從容錄》第三十五則，行秀引《臨濟廣錄》云：

　　　　唯有聽法無依道人，是諸佛之母，所以佛從無依生。
　　　　若悟無依，佛亦無得，若如是見得者，是真正見解。㉚

　　顯然行秀認為無形無相的「無位真人」，唯有在無所依住
下，才能繼承道業。換言之，「無位真人」是在無依無得中得
大解脫。因此，行秀評論臨濟的禪法是有收有放，有立有破。
他說：

　　　　臨濟常用殺人刀，亦有活人劍，不似地藏殺人見
　　　　血，為人為徹。㉛

　　由此觀之，臨濟禪法的特質，雖然是以逼拶念頭為悟道
方法，但不似地藏只破不立。考其終極目標，是希望透過內外
緣慮泯除的當下，使無形無相，無所依住的「無位真人」能夠

㉙《從容錄》卷一，《大正藏》48冊，頁235b。
㉚《從容錄》卷三，《大正藏》48冊，頁251a。
㉛《從容錄》卷二，《大正藏》48冊，頁240b。

自然顯露。因此，他強調「無位真人」是諸佛之母，唯有體悟「無位真人」無所依住，才是真正悟道者。由此可知，其禪風雖易流於莽鹵粗暴，若能透悟，自能掌握其嚴峻激烈的禪風。

從上面的討論得知，《從容錄》裡所舉揚的五則公案，以及行秀對臨濟宗所作的評唱，皆是在闡明無位真人的境界，以及「棒」、「喝」、「奪」的接機手法。

## 三、曹洞宗

《從容錄》所挑選的公案中，屬於曹洞宗的計有三十則。其中有六則是以洞山為中心；行秀作評唱時，對曹洞宗宗師語言的引用計有七十六次，其中以洞山引用的次數最多，計有二十次。因此就比例來看，以洞山為中心的古則公案，占曹洞宗總數的五分之一，對洞山語言的引用，占曹洞宗宗師語言總數的四分之一強。可見無論從公案或所引宗師語言來看，《從容錄》所呈現的曹洞宗禪法，是以洞山為中心。因此，想要了解《從容錄》中所見的曹洞宗禪法，不得不以洞山為討論中心。

從宏智所舉揚的六則公案中，以及行秀所作評唱來看，幾乎含蓋了洞山重要的機緣事跡與思想。若單就古則公案來看，除了第四十九則是闡明洞山悟道因緣及第二十二則評論別位禪師的禪法外，其餘四則與洞山禪學思想內容有關。此處僅就洞山禪法中所呈現的曹洞宗宗風作探討。

《從容錄》第四十九則，是以討論洞山在雲巖處所體得的禪法內容為重點的一則公案命題。行秀作評唱時，補述洞山悟

道因緣，並且對雲巖的禪法提出個人看法。此處就以行秀的評
唱作為討論中心。行秀評唱云：

> 洞山辭雲巖，山問：「和尚百年後，人問還邈得
> 師真否？如何祇對？」巖良久云：「祇這是。」山沉
> 吟。巖云：「价闍梨承當這箇大事，直須子細。」山
> 亦不言便行。後因過水覩影，方始悟徹。乃作頌曰：
> 「切忌從他覓，迢迢與我疎。我今獨自往，處處得逢
> 渠。渠今正是我，我今不是渠。應須恁麼會，方得契
> 如如。」❷

從行秀的敘述，可以了解，洞山在雲巖處尚未透悟。他
是經過輾轉尋思後，直到過水覩影時，方才徹悟。因此行秀
評論云：

> 若向良久祇這是處領略，正是替名通事。所以見影
> 知形，過水方悟。❸

可見雲巖要洞山「直須子細」，洞山也確實在「祇這是」
處打轉、尋思良久，直到過水覩影時，方才透悟。這與臨濟三
次問佛法大意，三次被打不同。臨濟的悟道過程，是經過峻烈
的逼拶念頭而開悟；洞山是經過尋思而開悟。行秀的悟道過

---

❷《從容錄》卷三，《大正藏》48冊，頁258a。
❸《從容錄》卷三，《大正藏》48冊，頁258a。

程，也類似洞山的尋思觸悟。行秀自述自己的悟道過程是：

> 參勝默光，教看長沙轉自己歸山河大地話，半載
> 無所入。光白：「我只願你遲會。」一日有省，復于
> 玄沙未徹語有疑，請益雲巖滿於磁之大明。纔二十七
> 日，言下忽悟曰：「得恁麼近，從前伎倆一火而爐，
> 始知勝默為人處。依雲巖二年，盡得其底蘊，付衣
> 偈，勉以流通大法。❸

從行秀的自述中得知，行秀最先參「長沙轉自己歸山河大
地」語，半年而無所入，勝默只對他說：「我只願你遲會。」
行秀便在這一句話尋思良久，雖有所省，並未徹悟，直到參雲
巖滿於磁州大明寺時，才真正徹悟。回過頭來對照洞山的悟道
過程，則此「尋思觸悟」或可說是曹洞宗宗風的特質之一，與
臨濟宗「逼拶念頭，鑒覺如今」的宗風完全不同。

從洞山的悟道經過，可以了解他尋思觸悟到的正是他頌
中所說的：「渠今正是我，我今不是渠。應須恁麼會，方得契
如如。」此處所言之「渠」與臨濟所云「無位真人」相似。不
同的是，臨濟所說的「無位真人」是蘊藏在五蘊身田內，其具
體的表現非超然物外，而是性的作用即是此「無位真人」的顯
現；而洞山所言之「渠」是超然於物外，其具體的呈現須「境
與神會，智與理冥，天水同秋，君臣道合。」❸

---

❸《五燈全書》卷六一，《卍續藏》82冊，頁255c。
❸《從容錄》卷三，《大正藏》48冊，頁251c。

　　所以洞山說：「渠今正是我」；雖然這箇「渠」可以
在境智冥一，心境融通下體得，但它並不等同「我」，而是
一種「理體」，無所依住，所以洞山接著又說：「我今不是
渠」。洞山因為有此一體認，因此當僧問：「未審雲巖還知有
也無？」時，洞山則回答：「若不知有，爭解恁麼道？若知
有，爭肯恁麼道？」❸「知有」是曹洞宗在觀行上相當重要的
一個概念，在第四章已詳細討論過，此處不再贅言，只以《從
容錄》第六十六則，九峰以「渠不作箇會解，亦未許渠在」回
答洞山所問「頭尾相稱時如何？」作為洞山與僧之間問答的註
腳。簡單的說，這僧的問題在問雲巖透悟了沒有？洞山並未正
面回答，而是以曹洞宗觀行內容告之。此正符合曹洞宗要假旁
來通信之宗風。這也是何以洞山會說：「我不重先師道德佛
法，只重他不為我說破。」❸基於不說破的原則，洞山認為真
正透悟心無所依住的人，自然不會對聖境執著，因此他說：
「若知有，爭肯恁麼道？」由於心處於無分別取捨之境地，自
然能夠不被言思、知解所束縛，因此他又說：「若不知有，爭
解恁麼道？」所以九峰認為，證得「首尾圓照」之人，自能掌
握渠，不作箇會解之人，亦不會令渠住著一境。這也是何以當
雲巖以「祇這是」回答洞山問：「和尚百年後，人問還邈得師
真否？如何祇對？」差點錯會其意。原來雲巖回答「祇這是」
含有上述兩層深意，無怪乎行秀評論洞山的見解云：「此乃重
玄復妙，兼帶叶通，不偏枯，無滲漏底血脈也。」❸

---

❸《從容錄》卷三，《大正藏》48冊，頁258a。
❸《從容錄》卷三，《大正藏》48冊，頁258b。
❸《從容錄》卷三，《大正藏》48冊，頁258b。

　　從上述的討論，可以知道洞山在雲巖處所體得的禪觀內容
是「首尾圓照」的觀行方法，所承繼的是「不說破」，要假旁
來通信的宗風。所謂「首尾圓照」的觀行方法，與行秀所述說
的洞上宗風：「靜沉死水，動落今時，名二種病。爾但出不隨
應，入不居空，外不尋枝，內不住定。」❸相通。而洞山如何
將「首尾圓照」的觀行方法落實在禪觀裡？典型的例子，就是
《從容錄》第八十九則古則所述：

　　　舉洞山示眾云：「秋初夏末，兄弟或東或西，直須
　　向萬里無寸草處去。」又云：「只如萬里無寸草處，
　　作麼生去？」石霜云：「出門便是草。」大陽云：
　　「直道不出門亦是草漫漫地。」❹

　　洞山的開示，可以歸納成兩個問題：一、能在聖境中來去
自如，才是真正悟道者。二、如何在聖境中來去自如？石霜回
答說：「出門便是草。」洞山贊許云：「此是一千五百人善知
識語，且大唐國裡能有幾人？」❹從這一問一答中，已經巧妙

---

❸《從容錄》卷一，《大正藏》48冊，頁234b。
❹《從容錄》卷六，《大正藏》48冊，頁285a。
❹ 同❹。行秀於同則中進一步陳述云：「石霜遇會昌之危，以民服寓長沙瀏
　陽陶家坊。大中初，一僧自洞山夏滿而至，霜問：『近離何處？』僧云：
　『洞山。』霜云：『和尚有何言句示徒？』僧云：『和尚近于解夏日，上
　堂謂眾曰：兄弟秋初夏末，或東或西，直須向萬里無寸草處去。良久云：
　只如萬里無寸草處，又作麼生去？』霜云：『出門便是草。』僧復舉似洞
　山。山曰：『此是一千五百人善知識語，且大唐國裡能有幾人？』」另，
　《從容錄》卷五，第六十八則，也有相同的陳述，可參閱《大正藏》48
　冊，頁270a。

的將曹洞宗「機貴回互，解轉身」的特有宗風表露無疑。所謂「萬里無寸草」，指的是聖境，而洞山要人向「萬里無寸草處去」，意即要人從聖境迥出，不住聖境。若換成曹洞宗特有的禪觀語言，即是「直須知有。」洞山第二箇問題就是在問「知有以後該如何？」石霜回答：「出門便是草。」意即要人體得聖境後，還要能回到現象世界，並且不被現象世界所牽動。換成曹洞宗的禪觀語言，即是「盡卻今時」。將洞山的問題與石霜的回答合併來看，正是曹洞宗「首尾圓照」的禪觀內容。無怪乎洞山會贊許石霜的回答是一千五百人善知識語，且大唐國裡能有幾人？而行秀評唱的重點，亦放在「回互」、「轉身」處。例如他說：「出門是草，人皆易知，亦易回互，不出門亦是草，人難知難轉身。」❷可見「回互」、「轉身」是《從容錄》中所要呈現的曹洞宗宗風。又如《從容錄》第二十一則，行秀評論雲巖提起掃帚云：「這箇是第幾月？」時云：「須知有箇轉身就父底時節。」❸以及第二十六則，行秀於評唱中，明確的指出曹洞宗宗風與其他宗派宗風不同處在：「洞上宗風正倒時便起，正起時便倒底時節，然後起倒同時，起倒不立；而他宗異派是不道不得。」❹諸如此類評唱，隨處可得，所以可以肯定的說，《從容錄》所要呈現的曹洞宗宗風就是「迴機轉位」，不落悟的痕跡。

---

❷ 《從容錄》卷六，《大正藏》48冊，頁285b。
❸ 《從容錄》卷二，《大正藏》48冊，頁241a。
❹ 《從容錄》卷二，《大正藏》48冊，頁244a。

## 四、溈仰宗

　　溈仰宗是由溈山與仰山共同創立，因此在討論溈仰宗禪法時，不得不將二人作為共同討論的對象。《從容錄》中，與二人有關的古則公案共舉出十一則。這十一則公案中，除第十五則及第三十七則是以溈山、仰山師徒問答為中心的公案外，以溈山為主的公案有三則，以仰山為主的公案有六則。行秀作評唱時，引用溈山語言有六次，仰山語言有八次。從宏智所收錄的則數以及行秀引用的次數來看，溈仰宗在《從容錄》中，所占的分量並不重。不過行秀在作評唱時，常不自覺的流露出對溈仰宗宗風的欣賞，例如在《請益錄》第二十二則，他就說：「萬松常愛溈仰家風，父子投機，水乳和合。」❹並且進一步暗示曹洞宗禪法是融合了溈仰宗的禪風而成。例如《從容錄》第十五則，他評論溈山「南山大有人刈茆」這句話時云：「此乃是臣子邊事。」且認為君臣父子，非特曹洞宗創立，溈仰父子早已行此令。❹

　　《從容錄》收錄的十一則公案中，最能代表溈仰宗禪風的是第十五則及第七十七則。前者重點在表彰師資合道，父子投機的溈仰家風；後者是對溈仰宗「圓相」宗風的介紹。至於與悟道觀行方法有關的公案，則以第三十二則為代表。現在就以這三則為例，分別就其禪風與觀行方法作分析探討。

　　依據智昭《人天眼目》卷四的看法，溈仰宗的宗風是「舉

---

❹　《萬松老人評唱天童覺和尚拈古請益錄》卷上（以下簡稱《請益錄》），《卍續藏》67冊，頁472b。
❹　《從容錄》卷二，《大正藏》48冊，頁236b-c。

緣即用，忘機得體。」❹所謂「舉緣即用，忘機得體」，是指
溈仰宗常在日常生活中，於執勞務時，就眼前的事物，進行一
問一答，並且於唱和當中，暗中進行禪法的淬鍊與策進，進而
對悟道觀行方法作釐清。因此掌握時節因緣，對溈仰宗宗風的
形成，具有舉足輕重的地位。另外性統《五家宗旨纂要》卷下
說：「溈仰宗風，父子一家，師資唱和，語默不露，明暗交
馳，體用雙彰。無舌人為宗，圓相明之。」❹顯然溈仰宗宗風
亦含有「不說破」的特質。其中最能展現這種不說破的禪風，
就是對「圓相」的運用。因此，性統說：「無舌人為宗，圓相
明之。」綜合智昭與性統的看法，則溈仰宗的宗風可以歸納成
下列二點特質：（一）掌握時節因緣，（二）不說破。現在就
以此二特質來檢驗第十五則、第七十七則及第三十二則這三則
公案，看這三則公案所呈現的禪風是否符合上述二者所說。

（一）掌握時節因緣：《從容錄》第十五則所舉公案原文
如下：

> 舉溈山問仰山：「甚處來？」仰云：「田中來。」
> 山云：「田中多少人？」仰插下鍬子，叉手而立。山
> 云：「南山大有人刈茆。」仰拈鍬子便行。❹

此處溈山問仰山從哪裡來？表面上只是平常寒暄語，實
際是問現象的本質在哪裡？仰山回答說：「從田裡回來。」實

---

❹《人天眼目》卷四，《大正藏》48冊，頁323c。
❹《三山來禪師五家宗旨纂要》卷下，《卍續藏》65冊，頁276c。
❹《從容錄》卷一，《大正藏》48冊，頁236b。

是暗指心為一切現象事物的本質。溈山恐其執著在本體界裡，因此緊接著問：「田裡有多少人？」實是問心是一是二？仰山馬上驚覺心體無形無相，不可言說之理，所以就放下鍬子，叉手站在那兒，以動作代替回答。溈山卻譏諷他如「替人在南山刈茅草般」，為人使喚，只得其用，未明其體。仰山經此一點醒，就拾起鍬子，與鍬子一同離去。此時才真正完成體用雙彰，事理不二之境地。

從這則公案，可以知道溈山所掌握的正是弟子剛作完工作，回途的當下機緣，所作的一番測試問答。一方面考驗學生在工作時，有沒有忘了禪法的淬鍊；另方面則是暗通消息，對弟子作鞭策。所以回答的內容，全就眼前事務來舉發。這種時節因緣的掌握，與溈山自身的悟道因緣有關。據《傳燈錄》卷九載：

> 一日侍立，百丈問：「誰？」師曰：「靈祐。」百丈云：「汝撥鑪中有火否？」師撥云：「無火。」百丈躬起，深撥得少火，舉以示之云：「此不是火？」師發悟，禮謝陳其所解。百丈曰：「此乃暫時岐路耳！經云：『欲見佛性，當觀時節因緣。』時節既至，如迷忽悟，如忘勿憶，方省己物，不從他得。故祖師云：「悟了同未悟，無心得（亦）無法。」只是無虛妄凡聖等心，本來心法元自備足。汝今既爾，善自護持。」❺⓿

---

❺⓿《景德傳燈錄》卷九，《大正藏》51冊，頁264b。

從這段記載，可以知道溈山因撥火而悟道，與洞山的過水覩影悟道類似，皆屬「尋思觸悟」。因此，百丈勉勵他說：「欲見佛性，當觀時節因緣。」意即尋思到了時節成熟時，達到「如迷忽悟，如忘忽憶」的狀況下，才能體悟「己物不從他得」的自證境界。因此，智昭形容此宗宗風為「舉緣即用，忘機得體。」雖然如是說，欲達此從緣悟入的境地，時節因緣的掌握則是關鍵所在。因此，時節因緣的掌握，即成為此宗宗風的特質之一，而《從容錄》所收錄的古則中，第三十七則「溈山業識」，第六十則「鐵磨牸牛」以及第八十三則「道吾看病」，皆是在「時節因緣的掌握下」，所發生的公案故事。

（二）不說破：性統說：「此宗宗風為語默不露，明暗交馳。」意即指師生在機鋒對應上，無論是語言的表現，如第十五則所述，或者是以一種圓相的符號來呈現，皆是不露痕跡，暗中進行的一種接機手法。因此，表面上看起來溫文儒雅，實則波濤洶湧。《從容錄》第七十七則，行秀即認為這種用圓相所呈現的機鋒與臨濟孤峻的機鋒相似。❺可見溈仰宗「不說破」的宗風與曹洞宗要假旁來通信的「不說破」稍異。溈仰宗「不說破」，是在高手過招，不露痕跡下進行。所呈現的是針鋒相對，直接破斥的一種峻烈宗風；曹洞宗則是在敲唱俱行，言行相應下進行，所呈現的是親切綿密的宗風。因此，

❺ 行秀於《從容錄》第七十七則，列舉許多公案說明仰山圓相機鋒。例如：僧畫圓相托呈，仰以衣袖拂之。僧又作半月相托呈，仰以兩手作背拋勢。僧以目視之，仰低頭。僧遠師一匝，仰便打，僧遂出。最後評論云：「此仰山壁立千仞，與德山、臨濟峻機不別。」詳情可參閱《從容錄》卷五，《大正藏》48冊，頁276a-b。

二宗皆以「不說破」來展現其宗風，實際內容則相當不同。

　　若論潙仰宗觀行方法，則以第三十二則所舉公案為例。公案原文如下：

　　　舉仰山問僧：「甚處人？」僧云：「幽州人。」山云：「汝思彼中麼？」僧云：「常思。」山云：「能思是心，所思是境，彼中山河大地，樓台殿閣，人畜等物，反思思底心，還有許多般麼？」僧云：「某甲到這裡總不見有。」山云：「信位即是，人位未是。」僧云「和尚莫別有指示否？」山云：「別有別無即不中，據汝見處，只得一玄，得坐披衣向後自看。」❷

　　從這則公案的內容來看，顯然「反思思底心」是此宗頓悟觀行的具體方法。其理論依據出自《楞嚴經》「三種生」。據《人天眼目》卷四載，師（潙山）謂仰山曰：「吾以鏡智為宗要，出三種生，所謂想生、相生、流注生。《楞嚴經》云：『想相為塵，識情為垢。二俱遠離，則汝法眼應時清明，云何不成無上知覺。』想生即能思之心雜亂，相生即所思之境歷然。微細流注俱為塵垢，若能淨盡，方得自在。」❸潙山認為主觀的心識，客觀的塵境以及無量劫來習性所成的細意識是構築塵垢的三要素，唯有打破這三種生，才能得到解脫自在。具體方法如《傳燈錄》卷九所載，潙山上堂云：

---

❷《從容錄》卷二，《大正藏》48冊，頁248b。
❸《人天眼目》卷四，《大正藏》48冊，頁321b。

夫道人之心，質直無偽，無背無面，無詐妄心行，
一切時中，視聽尋常，更無委曲，亦不閉眼塞耳，但
情不附物即得。❺₄

可見溈山認為透過「反思思底心」，但使情不附物，視聽
尋常，即是解脫自在者，無須閉眼塞耳。這也是仰山在溈山處
所體得的禪法內容。依據《傳燈錄》卷十一載：

仰山問溈山：「如何是真佛住處？」溈曰：「以思
無思之妙，返思靈焰之無窮。思盡還源，性相常住，
事理不二，真佛如如。」❺₅

仰山問溈山如何才能達到真實的悟境？溈山要他尋思
至不再有尋思之念，然後就在這思無思的當下，一念迴光返
照，頓悟心本是佛，性相常住，本自具足，迷時不少一法，
悟時亦不多一法，自能動即合轍，事理不二，視聽尋常。若
將仰山在溈山處所體得的禪觀內容與第三十二則公案內容對
照來看，則可以清楚的理解，《從容錄》所介紹的溈仰宗禪
觀內容，即是以「思盡還源」作為基礎，強調情不附物，但
視聽尋常的觀行方法。

---

❺₄《景德傳燈錄》卷九，《大正藏》51冊，頁264c。
❺₅《景德傳燈錄》卷十一，《大正藏》51冊，頁282b。

## 五、法眼宗

《從容錄》收錄的公案中，跟法眼宗相關的計有九則，與此宗創始者法眼文益相關的計有五則；而行秀作評唱時，對法眼的引用僅四次，對延壽的引用竟高達二十三次。這當然與《宗鏡錄》對行秀禪學思想影響有關。不過就《從容錄》結構來看，《從容錄》對法眼宗的介紹，主要仍以法眼文益為主。因此，此處就以法眼文益作為此宗宗風討論的對象。

此宗宗風的特質在於以「迴機」手法掃除學生情解。而《從容錄》所收錄的五則與法眼有關的公案，亦是側重在此一宗風的舉揚。現在就以第六十四為例。由於這則公案很長，前半部與此處所要討論的問題無直接關係，因此只舉後半部作為討論內容。後半部公案原文如下：

> 眼云：「只如萬象之中獨露身，是撥萬象不撥萬象？」昭云：「不撥。」眼云：「兩箇。」參隨左右皆云：「撥萬象。」眼云：「萬象之中獨露身！」❺

從法眼與子昭的對話，可以了解法眼是立足在心遍一切處，因此無論說撥或不撥萬象，皆是墮入對立的邊見，猶如第二月，所以法眼說：「兩個。」即是此意。但是若以離得失，忘是非為究竟，則又成為一種邊見，如有僧問雲門：「不起一念，還有過也無？」正是要人不要離開是非之海，得失之坑。

---

❺《從容錄》卷四，《大正藏》48冊，頁267a。

所以，雲門以「須彌山」作答；法眼則以問在答句，答在問句的方式，仍以「萬象之中獨露身」作答。因此，就其所出言句來看，雲門與法眼兩宗相同；若就宗風來看，則雲門偏向以識情遣識情的方法；法眼則是先讓學生明其錯處，再以「迴機」手法使學生明白「只是舊時行底路，逢人說著便誵訛。」[57]所以《人天眼目》卷四，智昭形容法眼家風為：「對病施藥，相身裁縫。隨其器量，掃除情解。」[58]簡單的說，以「迴機」手法掃除學生情解，就是《從容錄》所呈現的法眼宗宗風。

## 第二節　行秀對五家禪法的運用

經由上節的討論，可以清楚了解，《從容錄》中所呈現的五家禪法，雖然各有異同，基本上仍不出《人天眼目》所言。行秀之所以指出其異同，目的不在評論宗風的高下，而是希望修學者，能夠承言會宗，有所契入。這可從《從容錄》第六十四則他評論子昭責難法眼嗣地藏是背祖忘宗得到證明。他說：

---

[57] 《從容錄》第十七則載，法眼以「毫釐有差，天地懸隔。」問脩山主如何看待此問題？其接機手法與此則「萬像獨露，撥不撥」之問，所用手法相同，因此行秀以「法眼鉤錐在手，去則印住，住則印破，打破則監院情關，抽開脩山主識鎖。」來評論法眼提問之用意。接著以「只是舊時行底路，逢人說著便誵訛。」來說明回話者不懂「迴機」，卻落入情解之歧路。詳情請參閱《從容錄》卷二，《大正藏》48冊，頁237c-238a。

[58] 《人天眼目》卷四，《大正藏》48冊，頁325a。

此事不在多年，也不在久學。如一宿覺高亭簡，
豈可外人評量。昭首座黨護門風，不通議論，橫生譏
剝。法眼當時深愍此輩不通方者，作《十規論》誡
之，學者不可不覽。且人情之與道力，優劣天懸，故
將本分事酬他道：「我不會一轉因緣。」是他大方之
家，不辯不爭，卻將長慶會下當年曾熟論底事校證。❺⁹

　可見行秀認為學法是為了開悟解脫，不可與世俗人情混
淆，若只一味維護門風，不管修行之道行如何，只有徒生譏
剝。由此可知他在評唱時，雖然也論斷禪法之憂劣，基本上皆
是就機鋒而論，並非為了個人好惡而發。

　依據此一論點，行秀對五家禪法的態度，是採取包容性、
開放性，兼容並蓄。基本上，他不認為宗派的宗風有高下之
分，但是有契不契機的問題。因此《從容錄》第二十一則，行
秀對雲門、洞上兩派宗風評論云：

　德山門下，不道不得；洞山門下，要且未在。雪峰
行腳時，三到投子，九上洞山。……後果嗣德山。玄
沙、長慶嗣雪峰，羅山嗣巖頭，皆出德山門下，故一
抑一揚，言逆意順。而今雲門、洞上兩派齊行，豈有
優劣者哉❻⁰！

---

❺⁹《從容錄》卷四，《大正藏》48冊，頁267a。
❻⁰《從容錄》卷二，《大正藏》48冊，頁241a。

由此可知，耶律楚材之所以盛讚行秀禪法「不僅兼具五家之長，且能全曹洞之血脈」，主要原因也許是行秀這種只論道力，不論門風之立場所致。

既然行秀不是以排他性的態度面對五家禪法，那麼他如何會通五家禪法於一爐，且能不失曹洞血脈？關於此問題，可從兩方面來探討：一、行秀教學法的基本原則，二、行秀對五家禪法的會通方法。

## 一、行秀教學法的基本原則

在現存資料中，有關行秀禪法較完整的記錄，只有四處：一是耶律楚材為行秀《萬壽語錄》作序時，曾詳載行秀上堂語一則，另三處則是在《請益錄》第二則、第七十七則與第九十六則。較能看出其教學法特質的是耶律楚材為行秀《萬壽語錄》作序時所載上堂語，現就以此上堂語作為討論依據。

耶律楚材〈萬壽語錄序〉所載行秀上堂語如下：

略舉中秋日，為建州和長老圓寂上堂云：有人間（問）：「既是建州遷化，為甚萬壽設齋？」師云：「此夜一輪滿，清光何處無。」又問：「不是盡七、百日，又非周年、大祥、閟勘，今日設齋？」師云：「月色四時好，人心此夜偏。」眾中道：「長老上座誦中秋詩，佛法安在？」師云：「萬里此時同皎潔，一年今夜最分明，將此勝因用，嚴和公覺靈，中秋玩月，徹曉登樓，直饒上生兜率，西往淨方，未必有燕

京蒸梨、餾棗、爆栗、燒桃。」眾中道：「長老只解說食，不見有纖毫佛法。」師云：「謝子證明，即且致，為甚中秋閉日坐，卻道月光無，有餘勝利迴向，諸家檀信然，軟蒸荳角，新煮雞頭，葡萄駐顏，西瓜止渴，無邊功德難盡讚揚，假饒今夜天陰，暗裡一般滋味，忽若天晴月朗，管定不索點燈。」老師語緣，似此之類尤多，不可遍舉，且道五派中是那一宗門風？具眼者試辨看。噫！千載之下，自有知音。❻

上述上堂語錄，可分兩部分來談：

有人間（問）：「既是建州遷化，為甚萬壽設齋？」師云：「此夜一輪滿，清光何處無。」又問：「不是盡七、百日，又非周年、大祥、開勘，今日設齋？」師云：「月色四時好，人心此夜偏。」

此是第一階段問答：

眾中道：「長老上座誦中秋詩，佛法安在？」師云：「萬里此時同皎潔，一年今夜最分明，將此勝因用，嚴和公覺靈，中秋玩月，徹曉登樓，直饒上生

---

❻《湛然居士文集》卷十三（以下簡稱文集）所收〈萬松老人萬壽語錄序〉。《四部叢刊·集部》65冊，台灣商務印書館，頁138。

兜率，西往淨方，未必有燕京蒸梨、餾棗、爆栗、
燒桃。」眾中道：「長老只解說食，不見有纖毫佛
法。」師云：「謝子證明，即且致，為甚中秋閉目
坐，卻道月光無，有餘勝利迴向，諸家檀信然，軟蒸
荳角，新煮雞頭，葡萄駐顏，西瓜止渴，無邊功德難
盡讚揚，假饒今夜天陰，暗裡一般滋味，忽若天晴月
朗，管定不索點燈。」

可看成第二階段問答。試分析如下：

第一階段問答，談的是悟道當下的境界問題，屬於本體界
的問題。當問者提出「既是建州遷化，為甚萬壽設齋？」早已
起了分別之心，因此行秀以「此夜一輪滿，清光何處無。」來
回答，就是以佛性本質清淨光明無染來破除其分別之心。若是
上根者，至此就應拜謝離去，此人卻一再追問，行秀只好苦口
婆心，循循善誘，希望他能發現自性光明的本質，進而達到體
用一如境界。

第二階段的問答，屬於悟後的日常生活問題。當行秀藉由
誦中秋詩句，暗指真正悟道者是不會起分別心，卻被質疑答非
所問，與佛法無關。行秀只好無奈的再次藉當下的事物，告訴
與會大眾，佛法一切現成，不假外求。悟道後的生活，仍與一
般尋常人沒兩樣，仍是需要吃飯、睡覺……等日常作務，只是
在精神層面上已不同。最後行秀以「無邊功德難盡讚揚，假饒
今夜天陰，暗裡一般滋味，忽若天晴月朗，管定不索點燈。」
作為對建州長老的最高供養。

　　耶律楚材認為上述上堂語錄可視為行秀典型教學法,至於屬於五家宗風的那一派,就由個人去參悟。不過從上述分析,可以發現行秀仍是運用曹洞宗「敲唱俱行」的手法來教導大眾,不行棒喝親行,也不正面回答問題,而是藉旁來通信。

　　「不正面回答問題」正是五家禪法的共通性,只是手法不同。行秀曾自述,當他在大明寺做書記時,某日潭柘亨和尚路過大明寺,是晚他即去拜見潭柘,並向他請益何謂活句?何謂死句?潭柘亨回答:「書記若會,死句也是活句;若不會,活句也是死句。」❷雖然當時萬松只覺得老禪師的教學法很特別,但是潭柘亨的回答卻深印其心,並無形中影響其日後的教學法。因此不正面回答問題,可以說就是潭柘所說:「要參活句,不要參死句。」換言之,「參活句,不參死句。」是行秀教學法的基本原則,也是行秀靈活運用五家禪法的根據。

　　何謂「參活句,不參死句」?《請益錄》第四十五則行秀自述曾教人看白水本仁禪師上堂話云:

　　　　老僧尋常不欲向聲前句後鼓弄人家男女,何故?聲不是聲,色不是色。僧問:「如何是聲不是聲?」水曰:「喚作色得麼?」僧曰:「如何是色不是色?」水曰:「喚作聲得麼?」僧作禮。水曰:「且道,為汝說,答汝話。若人辨得,有個入處。」……此話「雖明劫外機,不壞世間相」,所以道他「參活句,

---

❷《從容錄》卷一,《大正藏》48冊,頁231a。

不參死句」。㊿

　　從上述引文可以了解，行秀對「參活句，不參死句」所下
的定義就是「雖明劫外機，不壞世間相」。所謂「劫外機」，
就是指已證悟者，我執已去，當然不會被世間的名色所束縛，
因此白水禪師才會回答「聲不是聲」，「喚作色得麼？」何謂
「不壞世間相」？《請益錄》第九十則雪峰淘米㊽，行秀舉青
華嚴代云：「淘沙去米，淘米去沙，無影長生桂，經霜結子
頻。」「大眾吃個什麼？」「金鳳採香街不盡，玉雛食蔬葉長
新。」㊾並評論云：

　　　青華嚴雖然答盡深深意，爭奈投機句未親。忽有人
　　問，萬松代云：「淘沙去米！淘米去沙！」祇向道：
　　「滌盡塵沙，不遺顆粒，大眾吃個什麼？」向道：
　　「粥將木杓舀，飯用笊籬撈。」雪峰全機大用，投子
　　（青華嚴）說妙談玄。行令底，只知盡法，不管無
　　民；談玄底，祇解敲唱俱行，未得應時納祐。萬松不
　　能天水合同秋，要且不壞世間相。何也？廚中典座窮
　　精細，且作長行粥飯僧。㊿

---

㊿《請益錄》卷上，《卍續藏》67冊，頁482a。
㊽ 舉：雪峰在洞山作典座，一日淘米次。山問：「淘米去沙？淘沙去米？」
　　峰云：「沙米一時去。」山云：「大眾吃個什麼？」峰便覆卻盆。《請益
　　錄》卷下，《卍續藏》67冊，頁501b。
㊾《請益錄》卷下，《卍續藏》67冊，頁501b。
㊿ 同㊽。

行秀認為雪峰的教學法是全機大用，因此只知盡法，不管無民；青華嚴雖解敲唱俱行，但未能應時納祜。換言之，雪峰能盡令而行，而青華嚴雖能談玄說妙，卻未能應機與藥，別指出一條活路，讓世法與佛法打成一片，故行秀批評「雖能答盡深深意，爭奈投機句未親」。因此行秀拈轉話頭云：「粥將木杓舀，飯用笊籬撈。」這就是雖然證悟，但不壞事間相表現，也是行秀從潭柘處所習得的參活句教學法。

何以說行秀拈轉話頭就是參活句的典型表現？依據曹洞宗五位偏正的教學法來看，兼中到是屬於人境俱不奪之境，格調最高。明安禪師在《人天眼目》註解為「出格自在，離四句絕百非，妙盡本無之妙也。」⑥⑦因此可以理解，真正證悟者，於日用中一切視聽尋常，悟同未悟般。《從容錄》第二十一則行秀亦云：「好諸仁者，爾喫飯、煎茶、把針、掃地時，識取箇不區區底，便得世法佛法打成一片，洞上謂之兼帶去（兼中到）。」⑥⑧可見行秀認為真正懂得參活句者，應該如其師祖——磁州禪師所說：「爾但行裡、坐裡、心念未起時，猛提起覷見，即便見不見，且卻拈放一邊，恁麼做工夫，休歇也不礙參學，參學也不礙休歇。」⑥⑨所以他曾告誡弟子云：「爾但是則總是，莫坐在是處，不是總不是，莫坐在不是處，兼通五位正偏，豈可死在句下。」⑦⑩對照《從容錄》

⑥⑦《人天眼目》卷三，《大正藏》48冊，頁315c。

⑥⑧《從容錄》卷二，《大正藏》48冊，頁240c。

⑥⑨《從容錄》卷二，《大正藏》48冊，頁240a。

⑦⑩ 同⑥⑨。

第七十則⓻行秀站在祖師禪立場評唱云：

> 進山主要拈轉話頭，方復不許道：「汝向後自悟
> 去在。」……進公遣起必然別有一條活路，遂指道：
> 「這個是監院房，那個是典座房。」且道：「明得生
> 不生性？明不得生不生性？」且道：「為生所留？不
> 為生所留？」脩便禮拜。他參活句，不參死句。此與
> 典座入庫下去也，更無兩樣。……進山主云：「這個
> 是監院房，那個是典座房。」亡（無）依倚時自然廓
> 落，……平怙家邦幾人能到，須是無煩惱可斷，無禪
> 道可參，十二時中除著衣喫飯是閑用心處。⓼

更可以明確的理解，行秀所說的參活句就是指世法與佛法
打成一片之境。

「不正面回答問題」是五家禪法的共通法則，行秀如何依
據「參活句」，為五家禪教學法下註腳呢？《從容錄》第六則
行秀評唱天童頌「堂堂坐斷舌頭路，應笑毗耶老古錐。」云：
「那裏是應笑處？」自答云：「但能莫觸當今諱，也勝前朝斷
舌才。」⓽可見行秀是把語言當工具來認知，而這個語言除了

---

⓻ 《從容錄》第七十則進山問性，舉：進山問脩山主云：「明知生不生性，
　為甚麼為生之所留？」脩云：「筍畢竟成竹去，如今作篾使還得麼？」進
　云：「汝向後自悟去在。」脩云：「某甲只如此，上座意旨如何。」進
　云：「這個是監院房，那個是典座房。」脩便禮拜。《從容錄》卷五，
　《大正藏》48冊，頁271b。
⓼ 《從容錄》卷五，《大正藏》48冊，頁271c。

一般人所指涉的音聲語言外，也包括無聲之聲，也就是一般所說的肢體語言。因此他說：「有句無句兮截流之機，故要參活句，不要參死句。」[74]依此標準來看五家禪法，則不難理解行秀何以會以「參活句」作為其教學基本原則。

## 二、行秀對五家禪法的會通方法

禪師因個人的個性、學養、悟道背景不同，因此在教學方法上，有不同的切入點與著重點。行秀如何立足於「參活句，不參死句」的原則下，會通五家禪法於一爐？

行秀認為「古人遇物臨機，各有方便。其抑揚縱奪，豈得失勝負可拘。」[75]因此，雖然他深知五家禪法，在接引學人上各有方便，也各有其侷限性。不過基於參活句，不參死句原則下，試圖以曹洞禪法特質──「迴機轉位」會通之。《從容錄》第二十六則，行秀對曹洞、臨濟、雲門三家禪法特質評論云：

> 雲門所以道：「當時便與推倒。」若便向至白無白處認著，正是墮在無色界中。雪竇所以別指出一條活路，向推倒處卻教扶起。佛眼云：「若向這裡扶起來甚生次第事。」萬松道：「若是他宗異派，不道不得；更須知有洞上宗風，正倒時便起，正起時便倒底時節，然後起

---

[73]《從容錄》卷一，《大正藏》48冊，頁231b。
[74]同[73]，頁231a。
[75]《從容錄》卷二，《大正藏》48冊，頁236a。

倒同時，起倒不立，更買草鞋行腳三十年。」❼⑥

　　面對同一則公案，行秀認為若是碰到曹洞宗禪師，會以
「正倒時便起，正起時便倒底時節，然後起倒同時，起倒不
立，更買草鞋行腳三十年。」來教導學人；若是碰到雲門宗禪
師，就會以「不道不得」的手法接引，因為其禪法特質在全
機大用，只指其病，不說治法❼⑦；而臨濟宗禪法特質在當陽獨
露，全機大用，不貴言說，❼⑧故接引學人也是「不道不得」。
雖然三家接引手法的側重點各有不同，但其啟發學人令其悟道
的作用是相同。《請益錄》第六十八則，行秀曾以宗密的自體
用與隨緣應用說明臨濟與曹洞禪法不同處，他說：

　　　雲巖掃地次，道吾云：「太區區生。」巖云：「須
　　知有不區區者。」吾云：「恁麼則有第二月。」雲巖
　　舉起掃帚云：「這個是第幾月？」玄沙云：「正是第

---

❼⑥　《從容錄》卷二，《大正藏》48冊，頁244a。
❼⑦　《從容錄》第十一則，行秀認為雲門所說學人之病：「光不透脫，有兩般
　　病，一切處不明，面前有物是一，透得一切法空，隱隱地似有箇物相似，
　　亦是光不透脫。又法身亦有兩般病，得到法身為法執不忘，己見猶存，墮
　　在法身邊是一，直饒透得，放過即不可，子細點檢將來，有什麼氣息亦是
　　病。」就中「子細點檢將來，有什麼氣息亦是病。」就是但指其病，不說
　　治法。何以如此說，因為雲門大意在入鄽垂手不避風波，可謂自病既除，
　　復愍他疾，淨名之心也。《從容錄》卷一，《大正藏》48冊，頁234a-c。
❼⑧　《請益錄》第二十四則，行秀舉臨濟一日問洛浦：「一人行棒，一人行
　　喝，那個親？」浦云：「總不親。」濟云：「作麼生得親？」浦便喝，
　　濟便打。並對這則公案論云：「蓋臨濟宗風當陽獨露，全機大用，不貴言
　　說。」《請益錄》卷上，《卍續藏》67冊，頁473b。

二月。」此解隨緣應用。長慶云：「被他倒迴掃帚蕎
口撼，又作麼生？」此明自體用。非深明洞上、臨濟
二宗者，不可辨也。❼❾

而《從容錄》第二十一則，行秀對雲門與曹洞兩派禪法說
明如下：

德山門下（在教學法上）不道不得；洞山門下，要
且未在。……而玄沙、長慶嗣雪峰，羅山嗣巖頭，皆
出德山門下，故一抑一揚，言逆意順。而今雲門、洞
上兩派齊行，豈有優劣者哉？………雲巖提起示人，
長慶攔面便撼，用處雖殊，同歸變滅。洞上所以貴迴
機轉位也。❽⓪

從上述兩段引文明顯得知，行秀以體用來會通臨濟與曹
洞兩家禪法。依行秀的理解，當長慶云：「被他倒迴掃帚蕎口
撼，又作麼生？」此明自體用。正符合臨濟禪法特質──當陽
獨露，全機大用，不貴言說。《從容錄》第九十五則，行秀形
容臨濟的禪法是，「有時奪人不奪境，有時人境兩俱奪。若
遇其中人，便全體作用，此臨濟格調最高處也。手上出來手上
打，眼上出來眼上打，四方八面來旋風打，因為棒頭有眼，明
如日月，半點也不容，不唯掃除狐兔，亦能變化魚龍。……棒

---

❼❾《請益錄》卷上，《卍續藏》67冊，頁492b。
❽⓪《從容錄》卷二，《大正藏》48冊，頁241a-b。

喝迅機，神用如是，七事隨身，有殺人刀，活人劍。」❽可見能達此境界之人，即能六根互用，通身迴互。因此，行秀於《從容錄》第八十三則進一步詮釋云：

> 紅絲脈斷，藥病俱亡。服藥忘了口來，診脈忘了手來。所謂攢簇不得底病，華陀拱手，扁鵲攢眉。道有通身無影像，道無遍界不曾藏，………全超威音之前，先天而未成，已成獨步劫空之後。………此換作全體作用，攝用歸體。❽

這種「攝用歸體」，依曹洞禪法來說，正是轉身就父處。《請益錄》第五則，行秀說：「洞山善能回互，理事出入，不商（傷）風化。」並舉其法祖王山和尚所云：「既有尊貴之位，須明尊貴底人，須知尊貴底人，不處尊貴之位，方明尊貴，不落階級。」來詮釋如何「攝用歸體」❽。所以行秀說：「非深明洞上、臨濟二宗者，不可辨也。」

至於雲門宗與曹洞宗二家禪法，行秀是以理事來會通。行秀認為，雲門宗是於佛事門中不捨一法；曹洞不止佛事門中不捨一法，還兼實際理地不受一塵。❽《從容錄》第十一則，他論述雲門二光三病之大意時云：「雲門大意在入鄽垂

---

❽《從容錄》卷六，《大正藏》48冊，頁289a。
❽《從容錄》卷六，《大正藏》48冊，頁280c。
❽《請益錄》卷上，《卍續藏》67冊，頁464b。
❽《從容錄》卷三，《大正藏》48冊，頁250a-b。

手不避風波，可謂自病既除，復愍他疾，淨名之心也。」❽由此可知，雲門在接引學人猶如維摩詰居士，「眾生有病，我亦有病。」不避風頭，一語即道破學人錯處。因此，行秀說雲門禪風只指其病，不說治法，並以學人之病作為回答。也因為這樣，對於資質較駑鈍者，較易惹人識情。《從容錄》第十九則，行秀對雲門以「須彌山」回答僧問：「不起一念還有過也無？」評論云：

> 若論韶陽不慳法施，卻又眼裡著得須彌山也。此須彌山頌中，築著磕著，血脈貫通，拍拍是令，非安生穿鑿增長識情也。其實不起一念底人，豈可更問有過無過？❻

因此，他舉圓通善國師所云：「雲門答話，意在若是桶子底脫，紅絲線斷，方知總不恁麼。不見道：三句明一句，一句明三句，三一不相涉，分明向上路。」❼為雲門答話下註腳，並進一步云：「以識情遣識情，非大手段不能搆副。」❽同時包獎雲門「全機大用，雲中不下」❾。所以行秀會認為，雲巖提起示人，長慶攔面便撼，用處雖殊，同歸變滅。洞上所以貴

---

❽《從容錄》卷一，《大正藏》48冊，頁234c。
❻《從容錄》卷二，《大正藏》48冊，頁239c。
❼ 同❻，頁239b。
❽ 同❼。
❾《從容錄》卷二，《大正藏》48冊，頁241b。

迴機轉位也。

從上述討論，可以理解，雲門是站在佛事門中不捨一法禪風行令，表面上與臨濟當陽獨露，全機大用，不貴言說相似，實際上是有點不同。臨濟強調的是「徹底無依解轉身」的回互；雲門強調「通身迴互，不觸尊嚴」，此點與曹洞相似，不同的是，雲門立足於「超情離見，人境交參」之立場，希望學人能賓主交參，故以問在答處，答在問處之方式回互；曹洞則是以「轉位轉功」方式回互。儘管三家禪風各有不同，行秀卻以「迴機轉位」將其會通。

行秀對溈仰宗宗風的見解，如前節所述視其與曹洞宗同源，但又認其機鋒與雲門、臨濟相同。❾⓿那麼行秀如何會通二宗呢？《請益錄》第二十七則，行秀陳述溈仰宗家風時云：「溈仰父子相見不對面，對面不相見。一人得用，令不孤行，一人得體，道無不在。………仰山得用，溈山得體，諸方皆謂各得一橛，而不劈開兩破。」❾❶因此認為其家風是「穴細金針纔露鼻，芒長玉線妙投關。」❾❷因為仰山克己復禮，卑不動尊；溈山正令當行，殺人見血。可見行秀認為溈仰宗機鋒之峻拔、緊俏與雲門、臨濟相同，但其宗風卻與曹洞相同，同樣是「穴細金針纔露鼻，芒長玉線妙投關。」在教學上也是「機貴迴互，語忌十成」❾❸。並進一步詮釋，此「機」非「機鋒之

---

❾⓿《從容錄》卷五，《大正藏》48冊，頁276b。

❾❶《請益錄》卷上，《卍續藏》67冊，頁474b。

❾❷同❾❶。

❾❸《請益錄》第四十四則，行秀敘述曹洞宗成立因緣云：「洪覺範天覺奏號圓明寶覺禪師，其深機妙智，真不忝所賜。嘗云：機貴迴互，使不犯正

機」，而是指「錦機之下必有巧婦針線。」並認定「穴細金針纔露鼻，芒長玉線妙投關。」即是洞上血脈。❹

　　至於法眼宗宗風已在前節詳述過，類似雲門「以識情遣識情」，不同的是雲門強調「通身迴互，不觸尊嚴」，而法眼強調「去則印住，住則印破」❺之教學法。因此就教學法上來看，倒與曹洞宗「迴機轉位」相似，不同的是法眼只強調「只是舊時行底路，逢人說著便肴訛」之「迴機」手法，而沒有「轉位」。

　　從上述討論，可以理解何以耶律楚材會說行秀禪風兼具五家之長，並推崇其禪法變化無窮，機鋒罔測，不可攀仰。

---

位，語忌十成，使不落今時。溈仰父子、曹洞師資為兩派之源。」《請益錄》卷上，《卍續藏》67冊，頁481c。

❹《從容錄》第四十四則，行秀對天童之頌「機底聯綿兮，自有金針玉線」評唱云：「此非機鋒之機，謂錦機之下必有巧婦針線。」雪巖先師嘗舉「穴細金針纔露鼻，芒長玉線妙投關。」此乃洞上血脈，非其中人不易知也。《從容錄》卷四，《大正藏》48冊，頁255C。

❺《從容錄》卷二，《大正藏》48冊，頁238a。

# 第六章　結論

綜觀前面的討論，行秀禪學思想仍不出宏智所闡揚的「默照禪」思想範疇，但由於個人生長背景、所處政治環境不同，遂在思想的展現上有些差異。此種差異可以下列幾點說明：

## 一、政治環境不同，影響宗教發展

由於行秀所處時代，正是兵荒馬亂，戰火連綿，朝代更替迅速的動盪時代，僧人已不可能過著「一日不作，一日不食」的叢林潛修生活。加上身處異民族統治下的特殊環境，除了需回應一般大眾的心理需求外，還要防範佛教遭迫害，在這樣的政治氛圍下，宗教發展模式當然無法遵循舊有模式。因此，行秀積極與政界人物往來，並躍居佛教領導地位，迥異於宏智排斥政治，遠離都會，以個人潛修為要務的發展模式，自有其時代需求與政治意義。

行秀雖然積極與政界人物往來，但綜觀其一生作為，又與其後輩印簡的「宗政家」❶才幹不同。行秀始終扮演一位宗教家的角色，在亂世中發揮其圓熟、曠達的韌性，一方面隨順時

---

❶ 長谷部好一在〈元朝北地の禪教團〉一文曾提及，行秀晚年，臨濟宗的海雲印簡顯世，教界的主導權就移至印簡及其法眷之手。並且評論印簡有「宗政家」優秀的才幹。尤其是在1240年之後的50年，在大都、五台山、和林等地遊化，精力活躍。見長谷部好一〈元朝北地の禪教團〉一文，印佛研究第17卷1號，1968，頁298-301。

代的需求周旋於王公貴戚間，另方面又要保留禪師典範，殊實
不異，若非因其個性溫和與內斂的人格特質，很難辦到。當然
除了人格特質外，其個人禪學思想的影響亦是重要因素之一。

其禪學思想是以「無住本立一切法」作為其心性思想的立
論根據，落實於現象世界即成為「真妄不二」與「理事雙照」
二特質。在實踐上，行秀又能擅用曹洞宗「五位偏正」、「機
貴回互」特有的觀行方法，巧妙的調和五家禪法於一爐，並運
用於待人處事上，展現出一種不卑不亢的禪師風骨。因此，即
使到了晚年，教界主導權移轉至印簡及其法眷手上，也能從容
不迫的退居「從容庵」，並開始著手著書嘉惠後學，其氣度不
凡，神情之悠閒，豈是一介泛泛凡夫僧可相比擬。無怪乎耶律
楚材對其推崇倍至，並影響其政治理念──「以儒治國，以佛
治心」❷，同時受到金元二朝皇帝尊崇，豈是偶然？也因為如
此，佛教才不至於遭遇法難，且能與新興宗教抗衡。

## 二、圓融調和的個性，影響佛教發展的歷史命運

行秀圓融調和的個性，不僅迥異於宏智的強烈宗派意識，
同時也影響著佛教的發展命運。當然與其所體悟的曹洞宗禪法
有關。行秀在參禪方法上，是從「靜為天地本，動合聖賢心」

---

❷ 耶律楚材在〈寄萬松老人書〉裡云：「師父丈室，承手教諭及弟子，有以
儒治國，以佛治心之語，近乎破二作三，屈佛道已徇儒情者，此亦弟子之
行權也。……弟子亦謂：『舉世皆黃能任公之餌，不足投也。』……是道
不足以治心，僅能治天下，則固為道之餘滓矣！戴經云：『欲治其國，先
正其心。』未有心正，而天下不治者也，是知治天下之道，為治心之所兼
耳，普門示現，三十二應，法華治世資生，接順正法，豈非佛事門中不捨
依法者歟！」見《湛然居士文集》卷13，頁137。

這一理念出發。而此一理念，尋其根源，即是宗密所說的，心有「自性本用」與「隨緣應用」二種照察義用的再延伸。雖然行秀是站在宗門的立場來接受澄觀與宗密的論點，目的只是為了強化其禪學思想的理論根據。但也因為此一容受程度，不自覺影響其教學態度。考其教學方法，除了繼承曹洞宗的綿密教學禪風外，更因為接受心有「自性本用」與「隨緣應用」二種照察功能，故在教學上採取教、禪兼容並蓄的開放態度，不排斥經教的學習，此點倒與其遠祖石頭希遷相似。而其著名弟子也大多為博覽群籍的一時俊秀，例如住在上都大華嚴寺的至溫，博記多聞，論辯無礙，兼通內外學，屢屢和同門福裕辯論。福裕也三次閱藏經，並有若干著述付梓流傳。

　　行秀此一開放性的教學態度，影響其弟子的宗派態度，依據長谷部好一〈元朝北地の禪教團〉一文所述，元憲宗時期，印簡掌管天下釋教之事，並在天下作資戒會時，行秀弟子至溫也能盡力幫忙，貫徹其宗旨，完成任務。❸元世祖至元九年，並曾詔見其弟子從倫至內殿談論佛法❹；又於至元佛道論辯時，分別命其弟子從倫、福裕主持焚毀道藏偽經❺，力挽狂瀾，從而化解佛教一場浩劫。

---

❸ 同❶。

❹ 燕京報恩從倫禪師，出住萬壽。元世祖皇帝至元九年，詔入內殿對御及帝師，命師講禪。遂舉圭峰禪源詮，講解何謂禪等等諸問題。詳情見《五燈會元續略》卷一，《卍續藏》80，頁456c。

❺ 《五燈會元續略》卷一，福裕傳記記載：「庚申（元）世祖即祚，因論辨偽經，馳驛以聞，火其書，乃賜光宗正辨之號。」見《五燈會元續略》卷一，《卍續藏》80，頁456b。另據從倫傳記云：「至元十八年十月二十日聖旨，就大都憫忠寺焚燒道藏偽經，除道德經外，盡行燒毀。命師下火。」見《五燈會元續略》卷一，《卍續藏》80，頁457a。

　　印簡圓寂後，弟子福裕依元世祖之命，總領釋教之事，一面排除道教壓迫，一面恢復二百三十六座被廢佛寺成為僧尼道場。至元世祖至元八年，嗣其法者占全國僧侶三分之一，從而代替印簡成為佛教的領導者。❻不僅在長安、燕薊、太原、洛陽興建佛剎，並被請到和林住持興國佛寺，遂使北地一帶成為曹洞天下❼。後又奉帝命到少林寺重整佛寺，繼承祖庭法燈，遂使少林寺變成曹洞宗專門寺院以迄近代。❽

　　從其弟子表現可知，行秀雖不似宗密、澄觀等開創性大思想家，能在思想史上占一席之地，但在其潛移默化下，也能在動亂時代發揮調和鼎乃，中流砥柱的力量，並讓法脈延續，令佛法久住。就此點來說，行秀禪學思想的研究，應有其歷史意義。

## 三、提倡參活句，不參死句，開闢曹洞宗禪法的新局面

　　就曹洞宗本身的發展史來看，曹洞宗自創宗以來，曾面臨法脈斷絕危機❾。直到芙蓉道楷中興祖庭，且於其座下出了

---

❻ 見《五燈會元續略》卷一，《卍續藏》80，頁456c。
❼ 同❻。
❽ 同❻。
❾ 依據《禪林僧寶傳》卷十七載，浮山法遠於天禧中游襄、漢、隋、郢，至大陽，機語與明安延公（大陽警玄）相契。延嘆曰：「吾老矣！洞山一宗，遂竟無人耶！」以平生所著，直綴皮履，示之。遠曰：「當為持此衣履，求人付之如何？」延許之曰：「他日果得人，出吾偈為證。」《卍續藏》79冊，頁526b。可見曹洞宗法統，在大陽警玄時，差點無人承嗣。遂將曹洞法統，以「皮履直綴」為記，託付臨濟高僧浮山法遠，囑其代覓能

丹霞子淳、淨因自覺二大法系，才使曹洞宗得以活躍、興盛起
來。丹霞子淳一系，因有宏智正覺與長蘆清了二系的弘傳，
尤其是宏智正覺所提倡的「默照禪」，不僅「起曹洞於已墜
之際，針膏盲於必死之時」❿，使曹洞禪法注入一股生命的活
水，宗風大振而活躍於南宋之間；另方面又因長蘆清了三傳至
天童如淨時，由於如淨不滿當時禪學界弊端叢生，而產生憤世
嫉俗，無力回天之慨，終將曹洞傳法信物悉付日僧道元，任其
跨海東去❶。相較於丹霞子淳悲喜參半的法系弘傳，淨因自覺
這一系，則因從南方向北地逐漸移入，並且進入金元兩朝之
庭，結果出其不意，竟在雪巖如滿至萬松行秀二代之間，開創
出迥異於南方曹洞宗禪法的新局面，使得曹洞宗禪法在北方得
以興盛百餘年，並在明清時期逐漸流布於大江南北。

　　行秀選擇《宏智頌古》作為評唱對向，除了源於應耶律
楚材之請外，是否有考量把握此特殊異族統制背景，興起大
振曹洞宗風之念，不得而知，至少從前面討論的結果，耶律
楚材有此意，行秀的態度不甚明顯，反而有驅向調和五家禪
法之意。例如《從容錄》第十二則，行秀評論地藏與脩山主
論斷南方禪法如何時云：「既分宗說已是兩岐（歧），那堪

---

　　扭轉乾坤之曹洞真傳。歷經二十餘年，才覓得投子義青，囑其嗣法警玄，
　　接續曹洞法統。

❿ 宏智正覺圓寂後，大慧宗杲對其遺像作贊云：「烹佛烹祖大鑪韛，鍛凡鍛
　　聖惡鉗鎚。起曹洞於已墜之際，針膏盲於必死之時。善說法要，罔涉離
　　微。」《大慧普覺禪師語錄》卷十二，《大正藏》47冊，頁806b。

❶ 請參閱吳立民主編《禪宗宗派源流》第十一章，中國社會科學出版社，
　　1998年，第一版，頁453-455。

禪分五派，教列三乘，箇中一亦不立，皆強為也，何況出口入耳，請益拈提，葛藤引蔓過新羅，鞏縣茶瓶湯不絕。」❷顯然行秀是站在「無住本立一切法」的立場，認為凡有言說、諍論皆不對，必須以心境融通，真妄不二，理事雙照的觀行對待一切事物。此一觀行主張，正是繼承宏智所舉揚的「默照禪」心性思想而來。

　　行秀因處於異民族統治的北方，在思想上少了傳統包袱的束縛，以及個性上較圓融、恬淡，遂促成其既能立足於宏智「默照禪」禪法基礎上宣揚洞上宗風，又能提出以「參活句，不參死句」來融會五家禪法於一爐之主張。結果曹洞宗禪法因而變得更活潑、圓融，不僅保留宏智「默照禪」禪法刪繁去簡特質，同時又能與臨濟宗並駕其驅，屹立於北方亂世中，從而打開曹洞宗禪法新格局，奠定了它百餘年的黃金盛世，法脈不至斷絕。就此點來說，行秀功不可沒。相較於宏智以個人潛修為主的發展模式，以及如淨憤世嫉俗，將禪法信物悉付日僧道元，任其跨海東去的悲壯，行秀自有其歷史地位。無怪乎《從容錄》會成為學習曹洞宗禪法的入門書，並與《碧巖錄》合稱為禪門頌古集雙璧，豈非偶然？

---

❷《從容錄》卷一，《大正藏》48冊，頁235a。

# 參考書目

（依作者、出版年代排列）

本論文所引用佛教典籍依據：

《大正藏》（台北：新文豐出版社）

《新纂卍續藏經》，（台北：白馬精舍影印）。

《國譯一切經》諸宗部六。

《禪宗全書》86冊（台北：文殊出版社，1988年）。

《四庫全書總目提要》第三冊，台灣商務印行。

元・耶律楚材《湛然居士文集》，收錄於《四部叢刊・集部》65冊
　　（台北：台灣商務）。

## 一、佛教典籍

## （一）專書

後秦・僧肇《寶藏論》，收錄於45冊。

後秦・僧肇《肇論》，收錄於《大正藏》45冊。

元魏・菩提流支譯：《楞伽經》，收錄於《大正藏》16冊。

劉宋・求那跋陀羅譯：《勝鬘經》，收錄於《大正藏》12冊。

唐・般刺密帝譯：《楞嚴經》，收錄於《大正藏》19冊。

唐・澄觀撰述《華嚴經疏鈔玄談》，收錄於《新纂卍續藏經》5冊。

唐・澄觀敕述《華嚴經行願品疏》，收錄於《新纂卍續藏經》5冊。

唐・澄觀別行疏/宗密隨疏鈔《華嚴經行願品疏鈔》，收錄於《新纂卍
　　續藏經》5冊（台北：白馬精舍影印）。

唐・澄觀撰述《華嚴經疏》，收錄於《大正藏》35冊。

唐・道宣：《續高僧傳》，收錄於《大正藏》50冊。

唐・宗密：《中華傳心地禪門師資承襲圖》，收錄於《新纂卍續藏

經》63冊（台北：白馬精舍影印）。

唐・慧然集：《鎮州臨濟慧照禪師語錄》，收錄於《大正藏》47冊。

日本・慧印校：《曹山語錄》，收錄於《大正藏》47冊。

唐・玄覺撰：《永嘉集》，收錄於《大正藏》48冊。

唐・法眼文益：《十規論》，收錄於《新纂卍續藏經》63冊（台北：白馬精舍影印）。

宋子璿集：《楞嚴義疏注經》，收錄於《大正藏》39冊。

宋・道原纂：《景德傳燈錄》，收錄於《大正藏》51冊。元・念常集《佛祖歷代通載》卷二十，收錄於《大正藏》49冊。

宋・守堅集：《雲門匡真禪師廣錄》，收錄於《大正藏》47冊。

宋・集成等編：《宏智禪師廣錄》，收錄於《大正藏》48冊。

宋・紹隆等編：《圓悟語錄》，收錄於《禪宗全書》41冊（台北：文殊出版社，1988年）。

宋・延壽集：《宗鏡錄》，收錄於《大正藏》48冊。

宋・慧洪撰：《禪林僧寶傳》，收錄於《新纂卍續藏經》79冊（台北：白馬精舍影印）。

宋・慧洪集：《林間錄》，收錄於《新纂卍續藏經》64冊（台北：白馬精舍影印）。

宋・智昭集：《人天眼目》，收錄於《大正藏》48冊。

宋・善卿編正：《祖庭事苑》，收錄於《新纂卍續藏經》64冊（台北：白馬精舍影印）。

元・行秀評唱：《從容錄》，收錄於《大正藏》48冊。

元・行秀評唱：《請益錄》，收錄於《新纂卍續藏經》67冊（台北：白馬精舍影印）。

元・北庭慈寂編：《天目中峰和尚廣錄》，收錄於《禪宗全書》48冊（台北：文殊出版社，1988年）。

元・中峰明本禪師：《山房夜話》，收錄於《天目中峰和尚廣錄》，《禪宗全書》48冊（台北：文殊出版社，1988年）。

元·善俊：《禪林類聚》，收錄於《新纂卍續藏經》67冊（台北：白馬精舍影印）。

明·淨柱輯：《五燈會元續略》卷一，收錄於《新纂卍續藏經》80冊（台北：白馬精舍影印）。

明·元賢輯：《繼燈錄》卷一，收錄於《新纂卍續藏經》86冊（台北：白馬精舍影印）。

明·通容輯：《五燈嚴統》卷十四，收錄於《新纂卍續藏經》81冊（台北：白馬精舍影印）。

清·超永編輯：《五燈全書》，收錄於《新纂卍續藏經》82冊（台北：白馬精舍影印）。

清·性統編：《五家宗旨纂要》，收錄於《新纂卍續藏經》65冊（台北：白馬精舍影印）。

清·集雲堂編《宗鑑法林》，收錄於《新纂卍續藏經》66冊（台北：白馬精舍影印）。


## （二）單篇著作（序、跋等）

梁·曇琳：〈菩提達磨略辨大乘入道四行序〉，收錄於《景德傳燈錄》，《大正藏》51冊。

唐·居遁：〈潭州龍牙和尚頌一十八首〉，收錄於《景德傳燈錄》，《大正藏》51冊。

唐·宗密：〈禪源諸詮集都序〉，收錄於《大正藏》48冊。

宋·宏智正覺：〈默照銘〉，收錄於《大正藏》48冊。

宋·法英：〈祖庭事苑序〉，收錄於《新纂卍續藏經》64冊（台北：白馬精舍影印）。

宋·佛果：〈拈八方珠玉集序〉，收錄於《新纂卍續藏經》67冊（台北：白馬精舍影印）。

元·萬松行秀：〈評唱從容錄自序〉，收錄於《大正藏》48冊。

元·萬松行秀：〈行秀寄湛然居士書〉，收錄於《大正藏》48冊。

元·耶律楚材：〈寄萬松老人書〉，收錄於《湛然居士文集》卷十三。

元·耶律楚材：〈萬松老人萬壽語錄序〉，收錄於《湛然居士文集》卷十三。

元·耶律楚材：〈從容庵錄序〉，收錄於《大正藏》48冊。

元·耶律楚材：〈糠蘗教民十無益論〉，收錄於《湛然居士文集》卷十三。

元·耶律楚材：〈西遊錄序〉，收錄於《湛然居士文集》卷八。

元·耶律楚材：〈趙元帥書〉，收錄於《湛然居士文集》卷八。

元·耶律楚材〈太原開化寺革律為禪乃命予為功德主因作疏〉，收錄於《湛然居士文集》卷八。

元·耶律楚材：〈三學寺改名圓明仍請予為功德主因作疏〉，收錄於《湛然居士文集》卷八。

元·耶律楚材：〈平陽淨名院革律為禪請潤公禪師住持疏〉，收錄於《湛然居士文集》卷八。

元·耶律楚材：〈太原五台寺請予為功德主因作疏〉，收錄於《湛然居士文集》卷八。

元·耶律楚材：〈釋氏新聞序〉，收錄於《湛然居士文集》卷十三。

元·耶律楚材：〈評唱天童拈古請益後錄序〉，收錄於《湛然居士文集》卷八。

## 二、古籍

《莊子》，收錄於《四庫全書·子部362》1056冊。

《唐大詔令集》卷一百一十三〈禁斷妖訛等敕〉

《金史》卷五〈海陵傳〉，第1冊，（台北：鼎文）。

《金史》卷七〈世宗傳〉中，第1冊，（台北：鼎文）。

《金史》卷八〈世宗傳〉下，第1冊，（台北：鼎文）。

《金史》卷九〈章宗傳〉，第1冊，（台北：鼎文）。

《金史》卷八十九〈移剌子敬傳〉，第3冊，（台北：鼎文）。

# 三、近代人論著
## （一）專書
忽滑谷快天：《禪學思想史》（東京：玄黃社，大正14年，西元1925年）。

印順：《中國禪宗史》（台北：慧日講堂，1975年重版）。

野上俊靜：《元史釈老傳の研究》（東京：野上俊靜博士六十四壽辰紀念發行會出版，西元1978年）。

饒宗頤：《中國史學上之正統論》（台北：宗青，1979年）。

櫻井秀雄監修，永井政之編輯：《從容錄》（東京：株式會社名著普及會，昭和58年，西元1983年）。

陳援庵：《中國佛教史籍概論》，（台北：新文豐，西元1983年）。

井上哲次郎、宇井伯壽、鈴木大拙監修：《禪の本義》（東京：春陽堂書店，昭和60年，西元1985年）。

井上哲次郎、宇井伯壽、鈴木大拙監修：《禪の書》（東京：春陽堂書店，昭和61年，西元1986年）。

呂澂：《中國佛學思想概論》（台北：天華出版社，1986年再版）。

石井修道：《宋代禪宗史の研究》（東京：大東出版社，昭和62年，西元1987年）。

阿部肇一著，關世謙譯：《中國禪宗史》（台北：東大出版社，1988年7月）。

聖嚴：《禪與悟》（台北：東初出版社，1991年）。

賴永海：《佛學與儒學》（浙江：人民出版社，1993年2版）。

魏道儒：《宋代禪宗文化》（鄭州：新華書店，1993年）。

洪修平：《中國禪學思想史》（台北：文津出版社，1994年）。

楊惠南：《禪史與禪思》（台北：東大圖書公司，1995年）。

吳立民主編：《禪宗宗派源流》（北京：中國社會科學出版社，1998年）。

## （二）單篇著作

山內晉卿著，傳戒譯：〈趙宋以後的佛教宗派〉，收錄於《現代佛教學術叢刊》14冊（台北：大乘出版社，1977年10月）。

札奇斯欽：〈元世蒙古可汗們何以信仰了十一番的佛教〉，收錄於《現代佛教學術叢刊》14冊（台北：大乘出版社，1977年10月）。

韓·李龍範：〈遼金佛教之二重體制與漢族文化〉，收錄於《現代佛教學術叢刊》14冊（台北：大乘出版社，1977年10月）。

鳥居龍藏：〈金上京城佛寺考〉，收錄於《現代佛教學術叢刊》14冊，（台北：大乘出版社，1977年10月）。

永井政之：〈從容錄の成立とその展開〉收於禪籍善本古注集成《從容錄》解題，東京，株式會社名著普及會，1980年初版，頁665。

岡田宜法：〈默照禪〉，井上哲次郎、宇井伯壽、鈴木大拙監修：《禪の本義》（東京：春陽堂書店，昭和60年，西元1985年）。

神保如天：〈從容錄〉，收錄於井上哲次郎，宇井伯壽，鈴木大拙監修《禪の書》（東京：春陽堂書店，昭和61年，西元1986年）。

神保如天：〈證道歌解題〉，收於《國譯一切經》諸宗部六。

鈴木大拙：〈六祖壇經〉，收錄於井上哲次郎，宇井伯壽，鈴木大拙監修《禪の書》（東京：春陽堂書店，昭和61年，西元1986年）。

## 四、期刊論文

長谷部好一：〈元朝北地の禪教團〉，《印佛研》第17卷1號，1968年12月，頁298-301。

永井政之：〈萬松行秀考〉，《宗教研究》第50卷3號，1976年。

永井政之：〈萬松行秀の禪とその週邊〉，《宗教研究》第50卷3號，1976年。

永井政之：〈萬松行秀と耶律楚材〉，《曹洞宗研究紀要》第9卷，1977年。

永井政之：〈萬松行秀の傳記をめぐる諸問題 —— 資料、洪濟寺、

舍利塔〉，《飯田刊行博士古稀紀念‧東洋學論叢》，國書刊行
會，1981年。

阿部肇一：〈碧巖錄與從容錄〉，《多賀秋五郎先生古希紀念論集》，
　　　1983年。

木村清孝：〈萬松行秀的禪世界—萬松行秀與華嚴思想的關係〉，《中
　　　國文化》第6期，1992年9月。

黃春和：〈萬松行秀生平略考〉，《佛學研究》創刊號，1992年。

原田弘道：〈萬松行秀と耶律楚材〉，《駒澤大學佛教學部研究紀要》
　　　第55卷，1997年3月。

西岡秀爾：〈從容錄にぉける証について──碧巖錄との比較を通し
　　　て〉《印佛研》第54卷1號，2005年。

## 五、學位論文

王明蓀：《元代的士人與政治》，（文化大學中研所，博士論文，1982
　　　年12月）。

郭廷立：《萬松行秀《從容錄》研究》，（中正大學中研所在職專班，
　　　碩士論文，2006年6月）。

## 六、工具書

駒澤大學圖書館：《新纂禪籍目錄》，（東京：日本佛書刊行會，1962
　　　年）。

駒澤大學內辭典編纂：《禪學大辭典》，（東京：大修館書店，1978
　　　年）。

陳援庵：《釋氏疑年錄》，（台北：天華出版社，1983年）。

藤島達朗/野上俊靜：《東方年表》，（京都：平樂寺書店，1988年）。

國家圖書館出版品預行編目資料

> 萬松行秀禪學思想之研究 / 釋清如著. -- 初版.
> -- 臺北市:法鼓文化, 2010.07
>  面; 公分. --（中華佛學研究所論叢;
> 52）
>  參考書目:面
> ISBN 978-957-598-527-1（平裝）
>
>  1.（元）釋行秀 2.學術思想 3.佛教哲學 4.
> 曹洞宗
>
> 220.92057          99009468

中華佛學研究所論叢 52

萬松行秀禪學思想之研究

著者／釋清如

出版者／法鼓文化事業股份有限公司

編輯總監／釋果賢

主編／陳重光

地址／台北市北投區公館路186號5樓

電話／(02)2893-4646

傳真／(02)2896-0731

網址／http://www.ddc.com.tw

E-mail／market@ddc.com.tw

讀者服務專線／(02)2896-1600

初版一刷／2010年7月

建議售價／新台幣300元

郵撥帳號／50013371

戶名／財團法人法鼓山文教基金會－法鼓文化

北美經銷處／紐約東初禪寺

Chan Meditation Center (New York, U.S.A.)

Tel／(718)592-6593　Fax／(718)592-0717

法鼓文化